Über den Autor

LD Thompson kam in Indiana zur Welt und besuchte die Indiana University und die Alaska Pacific University. In seinen Zwanzigern wies ihm das Erscheinen eines geheimnisvollen Fremden den Weg zu einer tiefgreifenden spirituellen Reise. Daraufhin widmete er sein Leben der Vertiefung der Veränderung, die er bei dieser Begegnung erfahren hatte, und der Integrierung des Wissens und der Weisheit, die ihm dabei zuteil geworden waren. LD reist um die ganze Welt und arbeitet mit Einzelpersonen, Gruppen und Unternehmen in den USA, Australien, Japan, Deutschland und England als Lehrer, Betreuer und Berater.

Zu LDs Arbeiten zählt auch ein großer Katalog aufgezeichneter Live-Vorträge über verschiedene Themen sowie zwei Meditations-CDs. Seine monatlichen Telekonferenzen erreichen mittlerweile ein weltweites Publikum. Sie werden über seine Webseite ldthompson.com koordiniert. Zusätzlich zu seiner Arbeit als Lehrer und Berater ist LD ein preisgekrönter Dokumentarfilmer und Videoproduzent. Er ist Mitglied der gemeinnützigen Organisation Board of Higher Ground for Humanity.

LD Thompson

Was die Seele sieht
Wege zum inneren Frieden

Mit einem Vorwort von Sabrina Fox

Aus dem Amerikanischen
von Sarah Heidelberger

AMRA

Titel der amerikanischen Originalausgabe:
THE MESSAGE. A GUIDE TO BEING HUMAN

Copyright © 2011 by LD Thompson

Brandheiße Infos finden Sie regelmäßig auf:
www.facebook.com/AMRAVerlag

Besuchen Sie uns auf unserer Website:
www.AmraVerlag.de

3. Auflage 2013

Eine deutsche Erstausgabe im AMRA Verlag
Auf der Reitbahn 8, D-63452 Hanau
Telefon: + 49 (0) 61 81 – 18 93 92
Kontakt: Info@AmraVerlag.de

Herausgeber & Lektor	Michael Nagula
Textredaktion	Sabrina Fox
Inspiration Bookdesign	William Morosi
Satz & Layout	Michael Zuch, Frankfurt am Main
Einbandgestaltung	FranklDesign, München
Druck	CPI – Clausen & Bosse, Leck

Die Originalausgabe erschien bei Divine Arts Media, einem Imprint
von Michael Wiese Productions, Studio City, Kalifornien, USA.

ISBN 978-3-939373-98-8

Inhalt

Seele [ˈzeːlə] – *Nomen*: die immaterielle Essenz, das belebende Prinzip, der ursächliche Auslöser eines individuellen Lebens.

Vorwort

Manche Bücher können in einem Rutsch durchgelesen werden. Dies ist nicht so ein Buch. Es ist ein Buch, das etwas verlangt. Es verlangt Sorgfalt. Zeit. Aufmerksamkeit. Es verlangt einen weiten Blick. Es verlangt Nachfragen. Es verlangt das Interesse, einer vielleicht bisher ungewöhnlichen, vielleicht bisher anderen Idee zu folgen. Es verlangt einen Schritt zurückzugehen und die Welt und sein eigenes Leben aus einer gewissen Distanz zu betrachten. Wie bei einem Kinofilm, den man nur dann wirklich klar sehen kann, wenn man die paar Meter Abstand zwischen Leinwand und Sessel einhält.

Seit Anfang der Neunzigerjahre beschäftige ich mich mit Spiritualität und dem persönlichem Wachstum. Meiner Spiritualität. Meinem Wachstum. Wir müssen bei uns *selbst* anfangen, wenn wir etwas verändern wollen. Ich wollte damals wissen, warum ich immer die gleichen Fehler machte, warum ich mich wie eine Fahne im Wind fühlte, warum ich eher wie eine Schauspielerin in meinem Leben agierte. Ich wollte wissen, warum ich so oft das Gefühl hatte, lügen zu müssen, und warum ich genau das in meinem Leben nicht hatte, was ich mir am meisten wünschte: *Frieden.*

In meinem damaligen Leben waren »die anderen« an allem schuld und ich, die arme, sensible Zu-gut-für-diese-Welt-Sabrina, benötigte eigentlich nur eines: ein dickeres Fell und nettere Leute. Ich verstand die Welt nicht, und ich verstand mich nicht, und doch ahnte ich, dass es da etwas gab, etwas, das mir helfen konnte, beides zu verstehen.

Ich suchte mir Lehrer, und ich hatte in diesen Jahren viele. Manche gut. Manche besser. Selbst die schlechten Lehrer waren wunderbar, denn sie zeigten mir, dass ich lernen musste, mich auf meine eigene Intuition und auf die Tiefe meiner Seele zu verlassen.

Solano war und ist einer meiner Lehrer. Einer, für den ich besonders dankbar bin.

Woran erkennt man einen guten Lehrer? Für mich gibt es drei Kriterien. Ich erkenne einen guten Lehrer, eine gute Lehrerin daran, dass das, was geraten wird, auch umsetzbar ist (so schwer es sein mag). Ein guter Lehrer, eine gute Lehrerin wird uns zur Selbstständigkeit anleiten, und wir erkennen es auch daran, dass der Rat überprüfbar ist. Und zwar am Ergebnis. Mein Ziel, und damit mein Ergebnis, war einfach zu erkennen: Würde ich den Frieden, den ich mir so sehr wünschte, endlich in meinem Leben haben?

Ja, ich habe ihn. Und mehr noch. Ich lernte besonders durch Solano, dass ich für alle Aspekte meines Lebens verantwortlich bin. Für jeden Gedanken, jedes Wort und jede Tat. Und dass es an mir liegt, wie mein Leben aussieht.

Dieser Weg ist nicht vorbei (ich lebe schließlich noch), doch statt eines anstrengenden Lebens habe ich jetzt ein aufregendes. Statt Hektik habe ich jetzt Frieden. Ich habe gelernt, anders mit Herausforderungen umzugehen. Solano erinnerte mich immer wieder daran, den Grund zu suchen, warum meine Seele diese Herausforderungen vor mir platziert hat. Daraus lernte ich, dass alles um mich herum mit mir selbst zu tun hat und dass ich in der Lage bin, den Segen darin zu erkennen, daraus zu lernen und Entscheidungen zu treffen, die mein Leben dahingehend verändern, dass ich mich wohl fühle.

Entstanden ist nicht nur ein leichteres Leben, sondern auch ein wachsendes Gefühl der Dankbarkeit. Besonders für die Lehrer, Ratgeber und tiefen Seelenfreundschaften, die ich in den letzten fast zwanzig Jahren erfahren durfte. Dabei stellte sich noch ein Gefühl ein, dass mir früher gänzlich unvertraut war: Ich hatte mich in diesem Prozess in mich selbst verliebt.

Ich gebe zu, das mag narzisstisch klingen, und gerade für uns Deutsche ist das mit einem großen inneren Zähneknirschen verbunden, und doch ist es ein herrliches Gefühl! Ich fühlte mich zum ersten Mal wirklich in mir wohl. Ein Gefühl, dass ich uns allen wünsche.

Dass Sie LDs Buch auf Deutsch in Händen halten, war mir ein großes Anliegen. LD könnte mir nicht näher sein, wenn er mein leiblicher Bruder wäre. Wenn mich jemand fragt, wie lange wir uns kennen, lautet die Antwort etwa: Meint ihr, in diesem Leben?

In diesem Leben trafen wir uns Anfang der Neunzigerjahre. LD wurde mir von meiner Seelenschwester Suzane Piela vor-

gestellt, und wir erfühlten sofort, dass wir zur gleichen See-
lenfamilie gehören. Wir haben viele Gemeinsamkeiten. Wir
versuchen, mit den Augen unserer Seele zu sehen und in dem
Wissen unserer Seele zu leben – was uns nicht immer gelingt.
Doch gerade in den Momenten, in denen es uns nicht gelingt,
fühlen wir uns besonders nahe.

Nähe entsteht dann, wenn wir uns wahrhaftig und offen mitteilen und besonders in den Zeiten, in denen wir uns dem anderen in unserer gefühlten Unvollkommenheit zeigen können.
In denen wir miteinander besprechen können, was uns schwer
fällt. Wo wir – in den Augen unseres von außen beeinflussten
Ichs – mal wieder versagt haben. Gerade in der spirituellen
Entwicklung passiert das leicht: Sollten wir nicht weiser, ent-
spannter, liebevoller und dankbarer sein? Sollten wir eigentlich
nicht schon weiter sein? Und gerade dieser Konjunktiv – »sollten« – verhindert die Anerkennung dessen, was wir sind: *eine
unendliche Seele, die hier eine menschliche Erfahrung macht
und die zum Üben auf der Welt ist, die erkennen möchte,
dass sie Teil des schöpferischen Gottes ist.*

Wie das Wort »üben« schon sagt: Wir lernen etwas. Ich bin
unendlich dankbar für die Nähe zu den Menschen und den Austausch mit denjenigen, die ebenfalls den Schritt in ein aufmerk-
sames Leben gehen, so dass wir uns dabei gegenseitig unterstützen können. LD hat mich viele, viele Male dabei unterstützt.

LD channelt einen weisen Lehrer mit Namen Solano. Ich habe
über Solano und LD schon in einigen meiner Bücher geschrie-
ben, und ich bin überglücklich, dass es jetzt ein ganzes Buch
von Solano und LD gibt. Doch nicht für jeden ist Channeln
etwas Vertrautes. Was ist das eigentlich?

LD hat es einmal so beschrieben: »*Meine Erfahrung lässt sich mit einem tiefen Loslassen vergleichen, in dem ich mein Ego, meine Persönlichkeit zurücklasse; und es fühlt sich dann so an, als wenn ich auf den Boden eines tiefen Sees sänke. Dann gibt es einen Moment, in dem sich die Oberfläche so anfühlt, als ob sie sich immer weiter zurückziehe. Diese Oberfläche steht für mein Körperbewusstsein. Ich drehe meinem Körper also ›den Rücken zu‹ und sinke weiter weg, immer tiefer, zu einem Platz vollkommener Stille. Das ist der Moment, in dem dann Solanos Essenz meinen Körper übernimmt und dort die führende Energie wird.*«

In der Geschichte der Menschheit gab es immer wieder Berichte von Trancezuständen, in denen Gespräche mit Gott, Ahnen, Propheten, aufgestiegenen Meistern oder Engeln geführt wurden. Channeln ist wahrhaftig kein neues Phänomen. Ich halte es jedoch für eine recht seltene, heilige Gabe. Channeln ist etwas, was vor diesem Leben mit einer anderen Wesenheit beschlossen worden ist, eine Art Vertrag miteinander – in diesem Fall zwischen LD und Solano –, der sich dann Ausdruck verschafft.

Ich kenne Solanos Rat ähnlich lange, wie ich LD kenne. Erst wenn wir den »Spirits« – also Geistwesen – eine Zeit lang zugehört haben, können wir beurteilen, ob ihr Rat auch etwas taugt. Solano ist einer meiner Lehrer, und sein Rat hat sich über viele Jahre bestätigt. Mein Leben ist leichter geworden, seit ich mich in dem, was er lehrt, übe und es – immer und immer wieder – auch umzusetzen versuche.

Solano ist kein Wahrsager. Er ist ein Lehrer. Er lässt sich eher mit einem Professor vergleichen, der möchte, dass wir alles selbst lernen, selbst erfahren und manchmal auch selbst herausfinden. Er erzählt uns nichts von Abkürzungen. Er gibt keine schnellen Heilversprechen ab. Denn so etwas existiert nicht. Weder beim Abnehmen noch beim spirituellen Wachstum. Ein spirituelles Leben erfordert Beständigkeit. Erfordert den tiefen, inneren Wunsch, etwas herausfinden zu wollen – und eine Zusage an sich selbst, das, was wir erfahren haben, auch umzusetzen. Wir bekennen uns jeden Moment neu dazu, aufmerksam nachzusehen, ob das, war wir denken, sagen und tun, auch wirklich das ist, was wir gelernt haben.

Die Informationen, die ein Channelmedium gibt, können nur klar und sauber sein, wenn der Mensch, der die Informationen durchlässt, es ebenfalls ist. Man muss in der Lage sein, aus seinem Körper, seinem eigenen Bewusstsein wegzusinken.

Mir würde so etwas nicht gelingen, und deshalb bat ich LD, mir ein Beispiel zu nennen: »*Ich war normalerweise recht erfolgreich in diesem ›Wegsinken‹. Einmal, bei einer Session, die ich gab, erinnere ich mich, dass ich ein lautes Lachen – wie aus großer Entfernung – hörte, und ich wollte wissen, wo das denn herkomme. So bewegte ich mich in die Richtung dieses Geräusches. Als ich näher kam, hörte ich die Stimme Solanos in mir: ›Gib den Körper frei.‹ Und dann war Stille. Ich erinnerte mich wieder: ›O ja, ich bin ja in Trance.‹ Und dann sank ich tiefer, bis ich wieder zurück in der Stille war.*

Später sagte Solano zu mir: ›Wenn wir das [Channeln] gemeinsam machen wollen, dann musst du die Zügel während dieser Zeit loslassen. Sonst besteht die Gefahr, dass die Dinge, die deine Persönlichkeit als wichtig ansieht, den Zustand verunreinigen, den wir erreichen wollen. Das fordere ich als Versprechen von dir.‹«

LD hat dieses Versprechen gegeben, und er geht mit großer Achtsamkeit und Wahrhaftigkeit mit der Gabe der Trance um. Die gleiche Achtsamkeit und Wahrhaftigkeit legt er auch in sein Leben und in den Umgang mit den Lebewesen darin.

Ich schätze ihn als Seelenbruder, Freund und als Ratgeber.

Wie gesagt, dieses Buch ist kein Buch, das man in einem Rutsch durchliest und dann zurück ins Regal stellt. Es ist ein Begleiter, wie auch die Lehren und die Weisheit darin zur Begleitung und Unterstützung gedacht sind. Manches, was Sie darin lesen, mag nicht einfach zu verdauen sein. Manches mögen Sie so nicht annehmen wollen. Das ist Teil unseres Lernens: nur das anzunehmen, was uns auch anspricht.

Ich nehme dieses Buch oft zur Hand und lese manchmal nur ein paar Sätze darin und lasse die Essenz davon in mich einsinken. Ich denke darüber nach, erinnere mich wieder daran und integriere das Gelernte, das man doch gelegentlich immer mal wieder vergisst.

Ich wünsche mir von Herzen, dass die Informationen, die Sie hier finden, Ihnen ebenso nützlich sind, wie sie es mir waren und immer noch sind. Sie halten ein Buch in Händen, das man sein Leben lang bewahrt. Möge es Sie auf Ihrem Weg begleiten. Denn Weisheit ist unendlich kostbar – und sie kennt keine Vergänglichkeit und keine Langeweile.

Licht und Liebe,
Sabrina Fox

Einführung

Dieses Buch ist das Ergebnis jahrelangen Zuhörens und Lernens. Ich habe in diesen Jahren auch weitergegeben, was mein wohlwollender Lehrer mir über das Leben und die Liebe sagte und über unser heldenhaftes Ringen, in diesem Menschsein Freude und Frieden zu finden. Die Grundannahme seiner Lehren lautet: Euer Leben wird von eurer Seele gestaltet. Je mehr ihr auf eure Seele hört und entsprechend der Werte und Anregungen eurer Seele handelt, desto stärker wird euch bewusst werden, dass ihr ein spirituelles Wesen seid, das in einem Körper lebt, um einem bestimmten Lehrplan zu folgen. Und umso müheloser und freudvoller wird euer Leben werden.

Vor vielen Jahren, ich verließ gerade einen Supermarkt in Los Angeles, veränderte sich mein Leben für immer. Ein Inder mit langen, schwarzen, glänzenden Locken kam zu meinem Wagen herüber und sagte zu mir: »Du hast mich zu dir gerufen, und ich bin gekommen, um dir von deinem Leben zu erzählen.« Ich fragte mich, ob er wohl im Auftrag irgendeiner Sekte unterwegs sei. Ob er gefährlich sei. Denn so etwas hatte noch nie jemand zu mir gesagt. Dann fuhr er fort: »*Ich weiß, welche Verwirrung und Schmerzen du gerade durchlebst. Ich kenne deine Enttäuschung über die Menschen, die du dir als Eltern ausgesucht hast, und die Frustration, die dein Beruf in dir auslöst. Aber du sollst wissen, dass es im Leben nicht um diese Art von Dingen geht. Hinter deiner Existenz liegt ein größerer Zweck. Du befindest dich gerade an einer Weggabelung. Die eine Richtung wird dich zu einem frühen Tod führen, die andere zu vollkommener Erfüllung. So, wie du im Augenblick lebst, läufst du Gefahr, den Weg einzuschlagen, der ein tieferes Verständnis für das Leben unterbindet und dich vor den Toren des Todes abliefert, ohne dass du dein Potenzial ausgelebt und das erreicht hast, wofür du eigentlich hier bist.*«

Mehr als zwei Stunden lang saßen wir da. In dieser Zeit lehrte er mich die grundlegenden Regeln, nach denen man sein Leben selbst erschaffen kann. Er erklärte mir, dass häufig wiederkehrende Gedanken, besonders solche, die von Angst und Begierde geprägt sind, für den Prozess, sich das Leben zu erschaffen, das man sich wünscht, nicht hilfreich sind. Und dass nur zielgerichtete, organisierte und fokussierte Gedanken Erfüllung bringen. Er erzählte mir, aus welchem Grund ich hier sei und wie ich meine Ziele erreichen könne, indem ich meinen Geist dazu erzog, so zu denken und zu fühlen, als wären sie bereits verwirklicht – auch wenn es eigentlich so aussah, als lägen sie außerhalb meiner Reichweite.

Das war eine Menge, was ich erst verdauen musste, besonders weil ich damals arbeitslos war und mich jung und verletzlich und mit einer sehr beängstigenden Welt konfrontiert fühlte. Obwohl ich versuchte, zuzuhören und zu verstehen, war ich schließlich so überfordert, dass ich ihm kaum mehr folgen konnte.

Da sagte er zu mir: »Finde zusammen mit mir einen Augenblick des Friedens.«

Er legte seine rechte Hand auf den Bauch, etwas oberhalb seines Nabels. Seine linke Hand ruhte auf seinem Herzen. Dann sagte er: »Fokussiere dich auf diese Stelle, auf das Innere deines Körpers.« Dann bewegte er die Rechte zu seinem Nabel. »Und jetzt auf diese.« Ich schloss die Augen, und schlagartig hörte ich auf, bewusst zu denken. Plötzlich gab es keine Zeit, keine Sinneseindrücke mehr. Er verschob seine Hand bis unterhalb des Brustbeins und ließ sie dort liegen. Für wie lange, kann ich nicht sagen. Ich tat es ihm gleich. Später legte er seine Hand auf sein Herz, auf seine Kehle, und jedes Mal wies er mich an, meine Aufmerksamkeit auf die jeweilige Körperregion zu fokussieren. Schließlich streckte er die Hände aus und umfasste meinen Kopf. Auf das, was als Nächstes kam, war ich absolut nicht gefasst. In meinem Kopf explodierten Lichter, und durch mein Rückgrat fuhr etwas, das sich wie eine Reihe von Stromstößen anfühlte. Genau in dem Augenblick, in dem ich glaubte, es nicht mehr auszuhalten, ließ er meinen Kopf los.

Als ich schließlich die Augen wieder öffnete, blickte ich auf eine vollkommen veränderte Welt. Sie war keine chaotische, sinnlose Ansammlung unzusammenhängender Bilder und Ereignisse mehr. Sie war organisiert und rhythmisch. Vor mir lag noch immer der Parkplatz des Supermarktes, aber als ein paar Meter weiter eine Frau ihre Autotür öffnete und ihre Einkäufe verstaute, konnte ich sehen, dass vor all dem das Denken war: vor ihrem Auto und ihren Kindern, ihren Kleidern und den Einkäufen in ihren Tüten. Wo auch immer ich hinsah, erkannte ich das Denken hinter der Realität.

Das Erstaunliche war, dass dieser Mann keine Hintergedanken hatte. Er wollte nicht, dass ich mich irgendeiner Religion anschloss oder ein Seminar besuchte. Er bat nicht um Geld, er wollte nichts im Austausch für all die Zeit, die er mir gewidmet hatte. Seine letzten Worte an mich lauteten: »Du hast dieser Welt ein großes Geschenk zu machen, und es entspringt deiner Seele. Höre ihr gut zu. Bemühe dich darum, sie kennenzulernen. Was wir gerade getan haben, öffnet die Türen zu diesem Wissen.«

Mit diesen Worten drehte er sich um, und ich sah ihn davongehen und buchstäblich vor meinen Augen verschwinden.

Seine Worte beschäftigten mich über alle Maßen. Niemand hatte jemals so mit mir gesprochen. Niemand hatte jemals zu mir gesagt, dass ich eine besondere Gabe hätte oder dass ich hier sei, um einen bestimmten Zweck zu erfüllen. Ich machte mir Notizen wie ein Verrückter, um möglichst alles festzuhalten, was er gesagt hatte. Und obwohl ich nach diesem Erlebnis tagelang durcheinander und völlig aus dem Häuschen war, begann das Leben langsam wieder wie gehabt auf mir zu lasten. Alles schien wieder seinen gewohnten Gang zu gehen.

Nur, dass das nicht ganz stimmte. Denn wenn nach jenem Abend in meinem Leben etwas schiefging, fühlte ich mich nicht mehr ungerecht behandelt. Und wenn ich mich bemühte, konnte ich die Ursache des Geschehenen immer auf meine eigenen, gewohnheitsmäßigen Gedankenmuster zurückführen.

Jahre später, ich lebte mittlerweile in Seattle, kam es zu einer weiteren außergewöhnlichen Begegnung.

Jeden Abend ging ich an einen Strand, wo ich mich immer an denselben Baumstamm lehnte, um das sanfte Auf und Ab der Brandung zu genießen. Mein Kopf platzte schier von all den Ereignissen des vergangenen Tages, aber der Anblick der untergehenden Sonne beruhigte mich, und der Wind blies mir um die Ohren, bis mein Kopf wieder klar und meine Gedanken ruhig waren.

Als ich es mir eines Abends gerade gemütlich gemacht hatte, erfüllte ein Ansturm klanglosen Klangs meinen Kopf – das Geräusch, das man hört, wenn man von wirklicher Stille umgeben ist. Die einzigen Klänge waren das Rauschen des Meeres und der Wind, der durch den hohen Strandhafer fuhr. Und dann hörte ich eine Stimme in meinem Kopf, so klar, als richtete jemand von außen das Wort an mich:

»Ich bin Solano. Ich war die ganze Zeit über bei dir und habe auf diesen Augenblick gewartet. Dieser Augenblick ist das Ergebnis langer Vorbereitungen. Ich bin gekommen, um dich auf deinem Weg zu führen, nicht, um dich zu verhätscheln. Die erste und wichtigste Lektion, die du lernst, lautet, dass du frei bist. Du hast die Entscheidungsfreiheit. Du kannst dich für ein Leben entscheiden, das von der Gesellschaft vorgeschrieben wird. Oder du kannst dich dafür entscheiden, mit den vorgegebenen Formen zu brechen und mehr über dich selbst zu erfahren, als die meisten Menschen es jemals tun.

Am wichtigsten ist, dass du verstehst, dass du weißt. Du sollst wissen, dass du alles weißt. Sei mutig, warte nicht darauf, dass das Wissen zu dir kommt oder es von außen an dich herangetragen wird. Wisse einfach. Spüre dein Leben, deine Substanz. Denn darin ist all das Wissen enthalten, nach dem du dich so sehnst. Wenn du anderen Menschen begegnest, nimmst du schon Kontakt zu ihrer Essenz auf, ehe sie überhaupt ein Wort gesagt haben. In diesem Augenblick erfährst du alles über sie. Du kennst jeden ihrer Gedanken, jede ihrer Handlungen in Vergangenheit und Zukunft. Nur aus Bequemlichkeit lehrt man euch in eurer Gesellschaft, nicht zu wissen. Aus Bequemlichkeit, aber auch aus Angst. Die Menschen haben Angst davor, einander zu erkennen. Sie haben Angst vor Intimität. Sie befürchten, wenn sie einander klar sehen, einen anderen Menschen wirklich erkennen würden, könnten sie desillusioniert werden. Und genauso ist es auch: Sie würden im wahrsten Sinne des Wortes *des-illusioniert* werden. So gut wie jeder Mensch trägt Scham in sich.

Durch die Brille des Wissens zu sehen heißt, diesen Schmerz widerzuspiegeln. Wenn man ein anderes Wesen klar erkennen kann, dann muss man auch sich selbst klar erkennen. Wenn du ein anderes Wesen bis in sein tiefstes Inneres erkennst, enthüllst du auch dein Selbst vor dir. Wenn du andere klar erkennen willst, dann musst du dich selbst furchtlos betrachten, dir deine eigenen Schwächen vergeben und deine außergewöhnliche Einzigartigkeit anerkennen.

Du bist nun bereit. Du hast nach dieser Veränderung in deinem Leben verlangt. Du wünschst dir, anderen helfen zu können. Aber wenn du anderen helfen willst, dann musst du dich selbst dazu bringen, das zu erkennen, was zu sehen man dich niemals ermutigt hat. Zu hören, was man dich *nicht* zu hören gelehrt hat: die Gedanken hinter den Worten. Ein Wissender zu sein heißt, einen anderen anzublicken und ihn wirklich zu sehen. Sein Gesicht, seinen Körper, das Licht, das er aussendet. Diese Dinge verraten dir, was ihre Masken verbergen. Höre dem anderen aufmerksam zu: Hinter seinen Worten liegt die Geschichte seines Lebens. Dort liegen seine Hoffnungen und Träume, seine verborgenen Ängste und Schamgefühle. Aber du musst zuhören.

Für jetzt ist das alles. Wir werden wieder miteinander sprechen. In der kommenden Zeit wirst du nach und nach begreifen, dass deine Seele der Ort ist, an dem dein Empfindungsvermögen beheimatet ist. Dieses Empfindungsvermögen gibt einen Weg vor, eine Bewegungsbahn, wenn du so willst. Und je mehr du dein Leben erforschst, desto mehr wird sich dir die Form deiner Seele enthüllen. Du willst erkennen, was du als Seele siehst. Du bist hier, um den Lehrplan deiner Seele, diesen ganz bestimmten Weg, zu erkennen und zu erforschen. Wenn du deine Perspektive veränderst und dein Leben so siehst, wie es deine Seele sieht – als Erfüllung eines Plans –, dann wird jeder Aspekt deines Lebens eine neue Bedeutung erlangen. Wenn diese Perspektivenverschiebung zustande kommt, wirst du auf einer Flutwelle göttlicher Inspiration vorwärtsgetragen. Ich bin jetzt und immer bei dir. Sei von Frieden erfüllt.«

Ich war skeptisch, denn ich bin in einem sehr traditionellen christlichen Umfeld aufgewachsen und habe die Religion schon früh abgelehnt, da sie mir himmelschreiend heuchlerisch vorkam. Entsprechend war ich nicht bereit, diese Erfahrung einfach so als richtig hinzunehmen. Doch andererseits konnte ich nicht ignorieren, wie bewegend es war, dass mir diese Stimme eine solche Macht zugesprochen hatte. Die Worte zwangen mich förmlich, diese Quelle auf die Probe zu stellen, herauszufinden, was diese Stimme für einen Wert in meinem Leben hatte.

In den folgenden Monaten verließ ich die Stadt. Ich gab nicht nur meinen Beruf auf, sondern auch meine vorgefassten Meinungen darüber, wie mein Leben auszusehen hätte. Ich ließ mich vom Wind treiben und erforschte dabei mein Leben, meine Gefühle und Wünsche. Und jedes Mal, wenn ich mich nach innen wandte und zuhörte, wurde ich in die richtige Richtung geführt und ganz und gar unterstützt. Sobald ich mich dagegen wehrte und über eine Situation urteilte, geriet ich ins Stolpern. Und so fing ich an, Solano zu vertrauen. Ein ums andere Mal stellte sich heraus, dass er recht hatte mit dem, was er gesagt hatte, und dass er mich zu tieferem Verständnis und größerer Freiheit und Weitsicht führte.

Seit jenem Abend konnte ich diese Stimme hören, wann immer ich mich für sie öffnete.

Viele Menschen haben von der Weisheit profitiert, die durch Solano entspringt. Körper und Herzen wurden geheilt, Menschen wurden durch ihre letzten Stunden geleitet, Kinder erhielten Hilfe, Karrieren wurden in Gang gesetzt. Aber vor allem hat dieser wohlwollende und gütige Lehrer den Men-

schen beigebracht, dass alles in ihrem Leben durch die Form ihrer Seele geprägt wird.

Dieses Buch ist ein Buch für Stunden. Sie können es Tag für Tag immer wieder zurate ziehen und Hinweise daraus gewinnen, aus welcher Perspektive Sie Ihr Leben betrachten sollten und was Ihre Seele Ihnen beizubringen versucht.

Um dem Leser die Unterscheidung zwischen meinen und Solanos Worten zu erleichtern, sind meine Worte kursiv gesetzt.

Wir alle sind letzten Endes hier, um zu lernen. Wir sind hier auf dieser Erde, die nichts anderes ist als eine gigantische Universität, an der wir uns jede erdenkliche Tugend aneignen können. Doch viele von uns verfangen sich im Kampf ums Überleben und dem Streben nach Erfolg. Dabei kann man schnell vergessen, dass wir eigentlich danach streben zu lernen, oder besser gesagt, göttlicher zu werden.

Der Weg zu dieser Weisheit führt durch die Seele – etwas, womit ein jeder von uns von Anfang an ausgestattet ist. Jede Seele ist ein Portal, durch das wir Zugang zu der Quelle erhalten. Der Quelle des Wissens, der Weisheit, des Mitgefühls, der Stärke, des Mutes und der Liebe – oder um es einfacher auszudrücken: zu Gott.

DIE BEKENNTNISSE

Du bist hier, um zu lernen, was es heißt, ganz
und gar eins zu sein mit der Quelle
von allem, was ist.

– Solano –

Du durchlebst den menschlichen Bewusstseinszustand aus
einem guten Grund: um zu lernen, eins zu sein mit Gott,
der Quelle von allem, was ist. Du hast dich in diesen deinen
jetzigen Bewusstseinszustand versetzt, um Erfahrungen zu
machen, die dich dem Ziel deiner Seele näherbringen. Erfahrungen, die dir – wenn du erst über diesen Bewusstseinszustand hinausgegangen bist – die Fähigkeit verleihen werden,
dir selbst beliebig Ausdruck zu verleihen. Mein Ziel ist es, dir
zu helfen, den Plan, den Lehrplan deiner Seele zu bestimmen.
Hast du ihn einmal identifiziert, verfügst du über Richtlinien,
an denen du all deine Entscheidungen ausrichten kannst.

Zunächst solltest du begreifen, warum du hier bist und einen
Körper hast. Dieses Begreifen wird dir Richtlinien für Situationen bieten, in denen du mit widerstrebenden Gefühlen
konfrontiert bist. Dann kannst du derartige Gefühle eher als
etwas Faszinierendes betrachten, anstatt sie als Quelle der
Angst zu empfinden. Dieses Begreifen ermöglicht eine tiefer-
gehende Bindung an den Plan deiner Seele. Es gibt Momente,
in denen du den Wert deines Lebens infrage stellst, in denen
du daran zweifelst, ob es wirklich dein wahrer Wunsch ist, dich
in aller Tiefe mit deinem Leben zu befassen. Sich ins Leben

zu vertiefen erfordert das Vorhandensein einiger persönlicher Richtlinien, die es dir ermöglichen, in deinem Leben vollkommen präsent zu sein, solange du dich nur an sie hältst. Präsenz ermöglicht wiederum Zugang zu allem Wissen, zu aller Macht, ja, sogar zur Erleuchtung selbst.

Wenn du beginnst, dich wirklich mit deinem Leben zu beschäftigen, kann es vorkommen, dass bestimmte negative Muster oder Situationen immer wieder auftauchen. Diese negativen Muster können verhindern, dass du deine wahre innere Mitte findest und bei ihr verweilst. In solchen Augenblicken ist es unausweichlich, Entscheidungen treffen zu müssen. Aber auf was sollen diese Entscheidungen beruhen? Wie soll man handeln, welche Möglichkeit ist die Richtige? Soll man sich verteidigen und sich dem Zorn des Gerechten hingeben? Oder ist es besser, voller Liebe und Nachsicht zu handeln? Wie entscheidet man, ob man aggressiv und ehrgeizig vorgehen oder der Konfrontation einfach aus dem Weg gehen sollte? Es ist diese Art von Fragen, die dich in solchen Augenblicken beschäftigt.

Um negative Muster überwinden zu können, musst du dich zu einer Reihe von Einsichten bekennen. Einsichten, die du zu persönlichen Zusagen machst.

Veränderung

Wenn du dich zur Veränderung bekennst, wirst du
nach und nach begreifen, dass der Wandel
unausweichlich auftreten wird, ob du
nun bewusst damit einverstanden
bist oder nicht.

– Solano –

Veränderungen sind unausweichlich. Sie treiben das Leben voran. Stillstand ist das Gegenteil von Leben. Das Leben gründet sich auf Veränderung. Kennst du das Experiment, bei dem man ein Blatt Papier auf einen Magneten legt und Metallspäne darauf verteilt? Die Späne ordnen sich nach einem Muster an, das das unsichtbare elektromagnetische Feld des Magneten nachvollzieht. Dieses Muster ist ein hervorragendes Beispiel dafür, was es heißt, eine auf der Erde lebende Seele zu sein.

Wenn man das Experiment durchführt, kann man das magnetische Feld zwar nicht sehen, wohl aber seine Wirkung. Mit dir ist es ganz ähnlich: Du kannst deine Wirkung in der Welt erkennen, aber dein Energiefeld siehst du nicht immer. Das Energiefeld wächst und verändert sich unaufhörlich. Es verändert sich, weil man neue Erfahrungen macht, neue Weisheit gewinnt. Du nimmst diese Weisheit in dich auf, und sie trägt zu deinem Magnetfeld bei. Du bist keine feststehende Realität. Dein Körper, den du für etwas mehr oder minder Dauerhaftes hältst, verändert sich sehr langsam, weshalb er dir beständig zu sein scheint. Doch diese Dauerhaftigkeit ist eine völlige Illusion.

Viele Menschen können diesen Gedanken intellektuell begreifen. Aber du musst dieses Wissen tief in deinem Körper verankern, so dass dir jeden Tag, zu jeder Zeit, bei jeder Gelegenheit zur Besinnung, die sich bieten mag, bewusst ist, dass du in erster Linie Energie bist. In erster Linie bist du Bewusstsein.

Du ähnelst eher einem Wirbelwind als einem Baum oder einem Stein. Ein Mensch ist ein Zusammenfluss, ein Zusammenlaufen von Energien. Dein Energiefeld erzeugt das, was du als deinen physischen Körper wahrnimmst. Und doch ist dein Körper so veränderlich und wandelbar wie ein Wirbelwind. Wenn du dir einen Wirbelwind vorstellst, denkst du nicht an etwas Feststehendes. Er ist immer in Bewegung. Und das bist auch du, ohne Unterlass. Die Wissenschaft hat herausgefunden, dass in jeder Zelle des menschlichen Körpers zu jedem Zeitpunkt annähernd sechs Billionen Vorgänge zugleich vonstattengehen. Wenn in jeder Zelle sechs Billionen Dinge gleichzeitig passieren, dann befindet sich diese Zelle in Bewegung – und zwar in ganz beträchtlichem Ausmaß!

Man braucht nur an ein Auto zu denken, um zu begreifen, wie viel einfacher das Lenken in Bewegung ist als im Stillstand. Es ist extrem anstrengend, ein Auto zu wenden, das nur sehr langsam fährt. Das kann man am Einparken sehen. Wenn genau dasselbe Fahrzeug aber ein wenig Schwung hat, kann man es problemlos in jede erdenkliche Richtung lenken. Genauso ist es, wenn du erkennst, dass du selbst in Bewegung bist und nicht unveränderlich in deinem Bewusstsein verhaftet bist. Wenn du begreifst, dass deine spezifischen Gefühlsmuster nichts Unveränderliches sind, wenn du begreifst, dass du nicht in den spezifischen Manifestationsmustern deines Körpers gefangen bist – wie Alterung, Krankheit, Sucht und so weiter –, dann hast du die Möglichkeit, dich neu auszurichten und voller Anmut und Schwung deine Richtung einzuschlagen. Dann ist es dir ein Leichtes, die unausweichlichen Veränderungen in deinem Leben zu manifestieren.

Wie du wahrscheinlich aus eigener Erfahrung weißt, fixiert sich das von außen beeinflusste Ich manchmal auf einen Moment, eine Situation, ein bestimmtes Ereignis und versucht, sich so lange wie möglich daran festzuklammern. Doch dieser Vorgang steht im Widerspruch zum wahren Wesen des Lebens. Veränderungen aus dem Weg zu gehen unterstützt dein Bekenntnis zum Leben nicht. Je mehr du dich an gegebene Umstände, Lösungswege oder Beziehungen klammerst, desto mehr geht die Seele ihren Weg ohne dein bewusstes Einverständnis. Denn du bist zu beschäftigt damit, dich an einem Skelett festzuhalten, das in deinen Armen zu Staub zerfällt. Anstatt an etwas festzuhalten, solltest du akzeptieren, dass Veränderungen geschehen und unausweichlich sind. Mit dieser Perspektive richtest du deine Aufmerksamkeit auf die Bewegung, in der du dich befindest. So kannst du effektiver den Weg verfolgen, den du gewählt hast.

Dieses erste Bekenntnis – mich zur Veränderung zu bekennen – war für mich schwerer umzusetzen als die meisten anderen. Natürlich nicht in theoretischer Hinsicht. Die Theorie, dass alles ständiger Veränderung unterworfen ist, bekam ich problemlos zu fassen. Aber dann befand ich mich in einer Beziehung, und als es zu Veränderungen kam und wir beide unterschiedliche Richtungen einschlugen, widersetzte ich mich diesen Veränderungen mit aller Kraft. Oder jemand, der mir nahestand, wurde krank, und ich begriff, dass er oder sie bald sterben würde. Und ich tat alles in meiner Macht Stehende, um diese Veränderung zu verhindern. Oder ich selbst bekam gesundheitliche Probleme oder sah mich mit einer anderen schwierigen Lebensphase konfrontiert und musste feststellen, dass ich mich den anstehenden Veränderungen widersetzte.

Ein Teil der Schwierigkeiten mit Veränderungen beruht darauf, dass sie tiefverwurzelte und manchmal problematische Gefühle aufrühren: Angst, Traurigkeit, Kummer, Wut, Eifersucht, Verlangen. Und weil wir Menschen sind, unterwerfen wir uns dem Zwang unserer Gefühle und lassen sie häufig unsere Gedanken und unser Verhalten bestimmen.

Doch mit der Zeit habe ich begriffen: Gefühle sind das Werkzeug, mit dem unsere Seele mit uns kommuniziert und uns bewegt. Wenn mein Leben tiefgreifende Veränderungen erforderlich macht, erzählen mir meine Gefühle von meinen Ängsten, aber auch von meinen Hoffnungen und Träumen. Als ich die Trennung einer Langzeitbeziehung durchlebte, versank ich in tiefer Angst, Unsicherheit, Trauer und Verzweiflung. Viele Monate verbrachte ich mit dem Versuch, diese Gefühle zu vermeiden, sie abzuwandeln und zu verstehen, kurz: sie in der einen oder anderen Form zu manipulieren. Letzten Endes begriff ich, dass meine Seele mich zu einer der schwierigsten Lektionen des Lebens gerufen hatte: zu lernen, dass die Quelle meines Wohlergehens meine Beziehung zu mir selbst ist. Nicht meine Beziehung zu anderen Menschen (oder Geld oder Sex, Drogen oder Anerkennung oder sonst etwas, das wir Menschen gerne für den Ursprung von Wohlergehen halten).

Als mir erst einmal klar geworden war, dass meine Gefühle eine wichtige Kommunikationsebene für die Veränderungen waren, die ich durchlebte, es sich bei ihnen aber nicht um die Veränderung selbst handelte, konnte ich ihre Botschaft annehmen: ihre Sorge um das Wohlergehen meines Körpers und meiner Persönlichkeit. Ich hörte auf, mich auf sie zu fixieren, und bekam Zugang zu dem Ort, an dem sich die Veränderung selbst vollzog: zur Seelenebene. Daraufhin entdeckte ich, dass meine Seele mich in Richtung einer tiefergehenden Beziehung zu mir selbst lenkte, hin zu dem Funken der Ewigkeit, der mein wahres Selbst ist.

Von dieser Position tiefergreifenden Verständnisses aus konnte ich Zeuge meiner Gefühle werden – nicht, indem ich mich auf sie fixierte, sondern indem ich verstand, dass sie in Bewegung sind. Schon der Ursprung des Wortes »Emotion« weist darauf hin – denn der lateinische Begriff »motio« bedeutet Bewegung. Nachdem ich mich nicht mehr mit meinen Gefühlen identifizierte, konnte ich zulassen, dass sie sich veränderten.

Wissen

Wissen bedeutet, sich in jedem Augenblick
bewusst zu sein, dass man selbst durch
und durch Ausdruck der göttlichen
Intelligenz ist.

– Solano –

Wissen – Individuen verleugnen es häufig vehement. Denn wenn man sich für das Wissen entscheidet, gibt man in der Folge jeden Anspruch darauf ab, sich selbst als Opfer zu sehen. Eigentlich kennst du die Person, in die du dich verliebst. Du weißt, wie gut oder schlecht du für einen bestimmten Beruf geeignet bist. Du weißt, was getan werden muss, damit dein Herz oder eine körperliche Verletzung heilt. Du weißt, was nötig ist, um eine Sucht zu überwinden. Du weißt, wo du leben solltest und wie du mit deiner Familie umgehen solltest. All das weißt du.

Wenn du dein Leben unter Berücksichtigung der Tatsache lebst, dass du *weißt,* und begreifst, dass du manche Entscheidungen wider dein besseres Wissen triffst, kannst du dich nicht länger ungerecht behandelt fühlen. Du bist dann ein fühlendes Wesen, das bewusst seine Handlungen wählt. Die Seele arbeitet mit jeder Art von Entscheidung, die du triffst, und du hast die Fähigkeit, aufgrund von bewusstem Wissen die Wahl zu treffen.

Wenn du dich zum Wissen bekennst, bekennst du dich zu der Einsicht, dass alles Intelligenz ist – dass *du* Intelligenz bist, die von einem Ozean der Intelligenz umgeben ist. Und all diese Intelligenz befindet sich zu jedem Zeitpunkt im Austausch mit sich selbst.

Weil du diese Intelligenz bist, weil du aus Intelligenz bestehst, kann deine Unwissenheit nur durch deine eigene Absicht bestehen. Du weißt, weshalb du hier bist. Du weißt, wie du Zugang zu deiner tiefsten Intuition erlangen kannst. Doch du sagst dir, dass du niemals gescheitert wärst, dass du niemals gefeuert worden wärst oder diese marode Beziehung einge-gangen wärst, wenn du wirklich *wüsstest*.

Vergiss, was du bisher für *Wissen* gehalten hast. Wissen ent-steht dadurch, dass du vollständig in deinem Körper präsent bist. Wenn du dich zum Wissen bekennst, erkennst du an, dass du dich in den Händen der unendlichen Weisheit deiner Seele befindest. Wenn du deinen Verstand gebrauchst, um zu versu-chen, aus deinem Leben oder einer Situation schlau zu werden, vermeidest du dabei das wahre Wissen.

Bewusstes Wissen wird durch das erste Bekenntnis erreicht: Veränderung. Wenn du dich zur Veränderung bekennst, be-kennst du dich auch dazu, im Hier und Jetzt zu leben, dich ganz und gar im Hier und Jetzt niederzulassen. Wissen entsteht nicht, indem du deine Vergangenheit untersuchst oder ver-suchst, deine Zukunft vorherzusehen. Vergangenheit und Zu-kunft sind im Hier und Jetzt enthalten, in der Gegenwart. Die Gegenwart ist das Zuhause des Wissens.

Vielleicht denkst du jetzt: »Ein bloßes Lippenbekenntnis macht es nicht leichter, Zugang zum Wissen zu erhalten.« Das ist wahr. Zunächst musst du dich dazu entschließen, dich nicht vor dem Wissen zu fürchten, ganz gleich, wie es aussehen mag. Dann musst du akzeptieren, dass alles Wissen aus der essentiellen Energie des Universums entsteht. Und dass auch du selbst daraus entstehst. Weißt du zum Beispiel, wie man eine Zelle teilt oder einen Apfel verdaut oder ein Baby wachsen lässt? Könntest du erklären, wie diese Vorgänge ablaufen, ohne hier und da einen Schritt auszulassen? Dennoch vermagst du diese Dinge zu tun, und mehr noch: Du bist ununterbrochen in derartige Aktivitäten involviert, weil du in den Tiefen deiner Intelligenz weißt, wie sie funktionieren.

Aber wie sieht es mit den wirklich unangenehmen Fragen aus? »Was ist meine Aufgabe?« oder »Wie finde ich den perfekten Partner?« oder »Was geschieht, wenn ich sterbe?« Viel zu oft lässt du zu, dass ein scheinbarer Mangel an Verständnis oder Fähigkeiten deine Überzeugung hinsichtlich deiner Fähigkeit zu wissen beeinflusst. Derartige Fragen machen es nur noch wichtiger, dass du das Wissen der Seele annimmst. Deine Seele, also die Essenz dessen, was du bist, weiß, warum du hier bist. Sie treibt dich ständig in Richtung der Erfüllung deiner Existenz, mit oder ohne deine bewusste Mithilfe. Deine Seele weiß, ob es – in diesem speziellen Augenblick – Teil deines Plans ist, in einer Beziehung zu leben, reich oder arm zu sein, kreative Erfüllung zu finden oder nach Erfüllung zu suchen. Wenn du in deinem Körper zu Hause bist und die Seelenperspektive der Ewigkeit einnimmst, hast du Zugang zu allem Wissen.

Im Augenblick befindet sich die Erde in einer wichtigen Übergangsphase. Während dieser Zeit des Wandels ist dein Bekenntnis zum Wissen besonders wichtig. Du musst unermüdlich von dir selbst fordern, die Dinge aus einer tiefergehenden Perspektive zu betrachten. Die Augen der Seele sehen alles im

Universum, im kollektiven Bewusstsein und in deinem individuellen Leben im Licht einer besonderen Ordnung. Wenn du
solches Wissen von dir selbst forderst, fixierst du dich nicht
darauf, wie die Dinge sein könnten, wie schlimm es um die
Wirtschaft steht oder wie das herrschende politische Klima die
Welt beeinflusst.

Wenn du dich zum Wissen bekennst, bekennst du dich zu
der Einsicht, dass alles in deinem Leben vor dir liegt wie ein
erhörtes Gebet. Und dasselbe gilt auch in einem größeren
Kontext. Das kollektive Bewusstsein funktioniert ganz genauso
wie dein individuelles Bewusstsein. Es hat einen Ton, eine Frequenz, die vorgibt, was von ihm angezogen wird. Wenn stärker kommuniziert wird, fungiert eine größere Anzahl bewusster Geschöpfe als eine Art Gesellschaftsseele, die die Fähigkeit
hat, seine Werte auf den größeren Körper zu übertragen – also
auf das Kollektivbewusstsein. Das Ziel der bewussteren Menschen ist es entsprechend, die Werte der Seele im Kollektivbewusstsein zu verankern, indem sie diese Werte in ihren individuellen Leben verankern. Dieses Ziel kann nur durch ein klares
Ja zum Wissen erreicht werden.

Das größte Hemmnis für Wissen ist schlicht und einfach die offenkundige Missachtung unseres Wissens darüber, was gut für uns und unser Wachstum ist.

In meinem Leben gab es eine Zeit, in der ich mich vollkommen verloren fühlte. Ich war zutiefst aufgewühlt durch einen Umstand, der mir wie ein unlösbares Dilemma erschien. Ich lebte in einer Beziehung, die mir sehr wichtig war, doch gleichzeitig verlor ich in dieser Partnerschaft meine Energie, mein Selbstgefühl. Lange betete und meditierte ich, um eine Antwort zu finden, und trotz allem, was ich im Herzen fühlte und in meinen Träumen erfuhr, entschied ich mich immer wieder für die Beziehung.

Das erinnert mich an die Geschichte des Mannes, der in einem Haus festsaß, als der Fluss über die Ufer trat. Er flehte Gott an, ihn zu retten. Die Polizei ging von Tür zu Tür und forderte die Bewohner auf, wegen der drohenden Gefahr ihre Häuser zu räumen. Sie klopfte auch bei dem Mann, doch er wies sie ab mit der Begründung: »GOTT wird mich retten.« Als das Wasser weiter anstieg, flüchtete der Mann in die erste Etage. Ein paar Leute in einem Boot kamen vorbei und boten ihm an,

*ihn aufzunehmen, aber wieder lehnte er ab mit der Begrün-
dung: »GOTT wird mich retten.« Als das Wasser weiter stieg,
kletterte er aufs Hausdach. Ein Hubschrauber flog über ihn
hinweg und wollte ihn einsammeln, aber wieder lehnte er das
Angebot ab mit der Begründung: »GOTT wird mich retten.«
Und so ertrank er und kam in den Himmel, wo er Gott aufge-
bracht fragte: »Warum hast du mich nicht gerettet?« Und Gott
sagte: »Ich habe dir die Polizei, ein Boot und einen Hubschrauber geschickt. Warum bist du im Haus geblieben?«*

*Ich handelte wie der Mann in dem Haus. Ich wollte, dass sich
der Himmel teilte, eine wundersame Macht ihre Hand nach
mir ausstreckte und mich aus meinem Leid errettete. Aber
letzten Endes erkannte ich, dass es meiner eigenen Verantwortung oblag, die Führung anzunehmen, die ich aus meinem
Inneren erhielt, und entsprechend zu handeln. Als ich genau
das tat und die Beziehung beendete, gab es durchaus viele
Momente, in denen ich aufrecht bleiben und zu meiner Entscheidung stehen musste. Doch die Entscheidung, zu handeln,
ermöglichte es mir, wieder bei mir selbst anzulangen, den
Plan meiner Seele anzunehmen und die Form von Wachstum
zu verfolgen, die meine Seele für mich vorgesehen hatte.*

*Wissen erfordert nicht nur Anerkennung, sondern auch Hand-
lungen.*

Intuition

Intuition ist eine der Seele innewohnende Eigenschaft.

– Solano –

Am unmittelbarsten kannst du mit deiner Seele durch deine Intuition kommunizieren. Das Bekenntnis zur Intuition erfordert,
dass du dein Leben im Einklang mit deiner Seele führst. Sobald
du einmal dein intuitives Vermögen erkannt hast und weißt,
wie du Zugang dazu erhältst, fängst du an, dem Plan deiner
Seele zu folgen, anstatt einfach auf das zu reagieren, was dir
widerfährt.

Viele Informationen, die über den Zugang zur Intuition kur-
sieren, fokussieren sich auf die Zirbeldrüse (das Dritte Auge)
und die Hypophyse (das Kronenchakra). Diese Drüsen spielen
tatsächlich eine wichtige Rolle beim intuitiven Prozess, aber
wie sich zeigen wird,
steckt mehr dahinter. Die
Zirbeldrüse ist eng mit
dem Sehnerv verknüpft.
Sie übt eine spezielle
Funktion aus, da sie
feine Schwingungen in
deinem Energiefeld in
eine innere Vision um-
wandelt.

> Chakras sind entlang der Wirbelsäule
> angesiedelte Energiezentren, die auf
> wichtigen Knotenpunkten des mensch-
> lichen Nervensystems sitzen. Sie kön-
> nen als eine Verknüpfung der biophy-
> sikalischen Energie des menschlichen
> Körpers bezeichnet werden und sind
> die Grundbausteine des menschlichen
> Energiefelds.

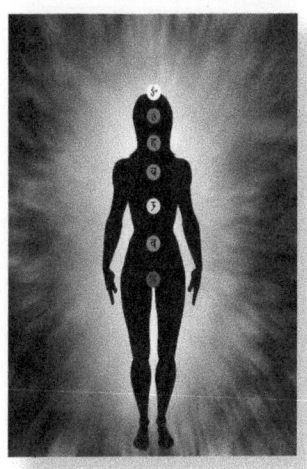

Die Funktion der Hypophyse besteht darin, das aktuelle Wissensniveau in Materie umzuwandeln. Sie ist für die Verwandlung des Körpers verantwortlich. Alle sieben Jahre wird der Körper auf Zellebene vollständig erneuert. Die Hypophyse verankert das menschliche Wissen in jeder Zelle. Die Zellen, die in genau diesem Augenblick ersetzt werden, enthalten all das Wissen, das du dir vollständig zu eigen gemacht hast.

Doch auf einer grundlegenderen Ebene ist Intuition eine Frage des Verstehens der Beziehung deiner Seele zu deinem Herzen. Dein Herz wird dir alles verraten, was du über deine Lebensweise wissen musst. Zu diesem Wissen kannst du durch einen ganz einfachen Test Zugang erhalten: Fühlt sich dein Herz offen oder eingeengt an? Ist es auf oder zu? Wenn du dir in jeder Situation diese Frage stellst und konsequent das Gefühl der Offenheit und Weite wählst, wird sich deine *Schwingungsfrequenz* anheben, was dafür sorgt, dass du dein Leben zunehmend unter Führung deiner Intuition lebst.

Die Schwingungsfrequenz des menschlichen Körpers ist messbar. Sie ist acht bis zehn Mal schneller als die elektrische Schwingung der biologischen Strömung des physischen Körpers. Deine Schwingungsfrequenz ist die magnetische Resonanz, die dich umhüllt. Sie steigt und sinkt abhängig von Stimmung, Gesundheitszustand, Medikamenten- und Nahrungseinnahme sowie deinen gewohnheitsmäßigen Denkmustern.

Wenn dein Herz sich zusammenzieht, trittst du in einen Zustand, ein Gefühl, eine Reaktion oder eine Schwingung ein, die dich von deiner Intuition abschottet. Wenn dein Herz sich öffnet, trittst du in ein Leben ein, das sich auf deiner Seelenebene abspielt. Diese Offenheit bietet dir die Möglichkeit zu einem Test, der sich auf ausnahmslos jede Entscheidung anwenden lässt, die du treffen musst. Wenn du dein Herz den Dingen öffnest, vor denen du Angst hast, öffnest du dich der Weisheit deiner Seele und stellst deine Fähigkeit, in einem liebenden Gemütszustand zu verbleiben, auf die Probe.

Wenn du offen bist für die Dinge, die du fürchtest, kann die Weisheit durch deinen Körper wandern und von der Zirbeldrüse in innerliche Visionen und von der Hypophyse in Wissen umgewandelt werden. Diese Reaktion verwandelt den Körper wiederum auf Zellebene. In manchen Fällen verursachen die Nebennieren das sogenannte *Bauchgefühl,* eine kinästhetische Reaktion auf das bereits vorhandene Wissen der Seele.

> *Bauchgefühl: eine instinktive körperliche Reaktion auf einen intuitiven Eindruck.*

Wenn du dich von deinem Herzen führen lässt, wird Lebensenergie – Liebe – in die Frequenz des Kollektivbewusstseins abgegeben. Dieses Phänomen ist etwas ganz anderes als Energieverlust. Energieverluste sind das Ergebnis von Angst oder unbewussten, durch Sucht motivierten Entscheidungen, die an deinem Energiefeld zehren. Lebensenergie freizusetzen dagegen ist das Ergebnis bewussten Handelns, das durch Seelenimpulse verursacht wurde. Wenn du intuitiv der Führung deines Herzens und nicht der Führung deines Intellekts folgst, setzt du Lebensenergie frei. Eine Kerze kann einen ganzen Raum erhellen und das Unsichtbare sichtbar machen. Werden in diesem Raum mehrere Kerzen entzündet, werden weitere Details sichtbar. Gesteigertes Wissen, größere Weisheit, mehr Einfluss auf die Steuerung deines Lebens sind möglich. Wenn du Zugang zu deiner Intuition erhältst, indem du in die Tiefen deiner Seele hinabsteigst, setzt du in deiner Welt Lebensenergie und Liebe frei. Derartige Freisetzungen verwandeln die Erde und ermöglichen dir deinen Aufenthalt hier, an dem du mehr sehen und verstehen und deiner Lebensfreude größeren Ausdruck verleihen kannst.

Hinsichtlich der Intuition hinkt der Körper der Seele stets um eine Nanosekunde hinterher. Die Seele weiß alles, und zwar immer. Wenn du dir beibringst, dich häufig auf die Seelenebene zu begeben und auf das Wissen der Seele über dein Leben zuzugreifen, dann wirst du irgendwann bemerken, dass deine Intuition für dich zu etwas ganz Selbstverständlichem geworden ist.

Doch selbst wenn du geübt darin bist, dich deiner Intuition zu öffnen, bleibt der Intellekt eine mächtige Kraft in deinem Leben. Das liegt an der Kultur, in der ihr lebt. Die Welt misst Informationen große Wichtigkeit bei. Informationen aktivieren mit sofortiger Wirkung den linearen Verstand, also den Intellekt. Der Intellekt ist der Herrschaftsbereich

> *Das von außen beeinflusste Ich: der Aspekt der Persönlichkeit, der auf Kritik und Vorwürfe reagiert; ein defensiver Aspekt der Persona oder Persönlichkeit.*

des von außen beeinflussten Ichs – des Aspektes deines Selbst, der die häufig widersprüchlichen Werte und Vorurteile von Gesellschaft, Familie und Stammesverbund annimmt und sie dir aufzwingt.

Wenn du deinen Tag beginnst, ob nun zu Hause an deinem Computer oder draußen in einem Büro, nutzt du eine Form der Schwingung, die dem linearen Verstand, dem Intellekt, entspricht. Eure Kultur geht davon aus, dass Information gleichbedeutend mit Macht ist. Die gute Nachricht lautet, dass mittlerweile viele Menschen Zugang zu Informationen und der damit einhergehenden Macht haben. Doch der persönliche Friede, die gelassene Auffassung des Lebens – die Lebensfreude – hat darunter gelitten.

Wenn du diese neue Form der Kommunikation mit deiner Seele übst, solltest du darauf achten, wann du dich auf deinen Intellekt verlässt. Wenn du diesen Impuls erkennst, begib dich einfach auf die Ebene deines Herzens. Stell dir vor, dass deine Augen und Ohren dort angesiedelt sind. Lass deine Sinne ihre Mitte in deiner Seele finden, und dann wirf einen Blick auf deine Welt, auf deine schöpferische Realität. Sieh dir genau an, worüber dein Verstand gerade spricht: deine Ängste und Befürchtungen, deine Hoffnungen und Ambitionen, deine Schmerzen und Schwächen. Dann begib dich in deine Seele und betrachte die Äußerungen deines Verstands aus der Seelenperspektive. Die Seele hat eine andere Perspektive als der Intellekt. Die Seelenperspektive ist von Enthusiasmus, Furchtlosigkeit und einer wunderbaren Form von Eigenliebe geprägt.

Lass zu, dass der Enthusiasmus deiner Seele Lebensenergie freisetzt, indem du dein Herz deinem Leben öffnest. Lass zu, dass sie sich im Austausch mit deiner Umgebung befindet. Auf diese Weise bekennst du dich zur Intuition, so dass du dich in Einklang mit dem Lehrplan, deinem individuellen Plan der Seele, bewegen kannst.

Unvoreingenommenheit

Du handelst ununterbrochen aus deinem denkbar
höchsten Wissensstand heraus.

– *Solano* –

Überlege, wie oft du dich selbst verurteilst. Dich selbst zu verurteilen ist dasselbe, wie die Schöpfung zu verurteilen. Dich selbst zu verurteilen heißt, ein zutiefst liebenswertes und unschuldiges Geschöpf für das zu verurteilen, was es ist. Jeder ist unschuldig – wertvoll und rein. Du bist in jeglicher Hinsicht absolut und vollkommen schuldlos.

Hier ist nicht von Verantwortung die Rede. Verantwortlich für dein Leben bist du *immer*. Schuld und Verantwortung sind zwei ganz unterschiedliche Dinge. Schuld hat nämlich einen Beigeschmack von Verurteilung. Das von außen beeinflusste Ich sieht sich dein Alter und deine Erfahrung an, all das Wissen, das du angesammelt hast, und kommt häufig zu dem Schluss, dass du es besser hättest wissen müssen. Und so gibst du dir selbst die Schuld, glaubst, du solltest alles besser machen, es schon weiter gebracht haben, erfolgreicher sein. Du machst dir selbst Vorwürfe.

Derartige Bewertungen sind fehlgeleitetes Urteilsvermögen, eine Form von Engstirnigkeit. Manchmal steht ein Mensch an einem entscheidenden Punkt in seinem Leben. Vor einem anderen Individuum, einem Ort oder irgendeiner neuen Lebens-

dynamik. Und die Entscheidung entwickelt sich zu einem vorgegebenen Gedankenprozess, zu einer gewohnheitsmäßigen
Reaktion. An diesem Punkt sind Bewertungsschemata keine
bewussten Gedankenprozesse mehr. Sie sind eine Abkürzung,
die der begrenztere Verstand (nicht der Universalverstand)
nimmt. Der begrenztere Verstand sagt sich: »Das da kenne ich
schon. Ich weiß genau, was das bedeutet. Ich weiß, worum es
sich handelt, und ich weiß, was ich mir diesbezüglich vorge-
nommen habe.«

Wertungen können mit Engstirnigkeit gleichgesetzt werden,
weil der Verstand im Bewertungsprozess zu einem geschlos-
senen System wird, in dem immer wieder genau dieselben
Gedankenpfade genutzt werden. Wertungen gelten irrtümli-
cherweise als eine Möglichkeit, Energie zu sparen. Aber durch
Wertung wird letztlich keinerlei Energie erhalten.

Stell dir beispielsweise vor, du spazierst durch einen Supermarkt und siehst jemanden, den du kennst und über den du
dir bei vergangenen Begegnungen ein negatives Urteil gebildet
hast. Dein von außen beeinflusstes Ich meint, durch dieses Urteil Energie zu sparen, weil du dich jetzt nicht mit dieser Person
auseinandersetzen musst. Ihr Lichtfeld – das Energiefeld, das
ihren Körper umgibt – wird einfach abgewiesen. Durch deine
Wertung schließt du die Person aus, eure Schwingungen brau-
chen sich nicht zu vermengen.

Doch deine Wertung ist genau das, womit du dich mit dem
Lichtfeld und der Schwingung dieser Person verbindest. Wenn
du wertest, gehst du eine Verbindung mit der entsprechenden
Person ein. Zu werten erfordert letztlich mehr Energie als eine
Segnung.

Eine Segnung erkennt deine Seele und die der anderen Person an: Eine Seele erlebt eine andere mit und versucht dabei, aus ihrer eigenen Perspektive Sinn aus dem Wahrgenommenen zu gewinnen. Beide Seelen sehen die Welt durch eine Art Kaleidoskop, doch jedes ist mit anderen bunten Glasstückchen gefüllt. Man gewöhnt sich das Werten besonders leicht an, wenn man in seinem Leben häufiger von Menschen als von Tieren, Feldern und Bäumen, Bächen und Bergen umgeben ist.

Ist das von außen beeinflusste Ich mit zu vielen Menschen konfrontiert, ist es überfordert. Es hat den Wunsch, für Sicherheit zu sorgen. Deshalb versperrt es den Zugang zu deinem tieferen, stärker an der Seele orientierten Selbst, indem es Dinge als unpassend, nicht wünschenswert oder noch schlimmeres verurteilt. Fernzusehen und zu beobachten, was in der Welt vor sich geht, verleitet den begrenzteren Verstand häufig dazu, zu urteilen und Ängste aufzubauen. Wenn du diese Form der Reaktion entwickelst, verbindest du dich mit eben der Energie und den Dynamiken, die du verurteilst. In solchen Augenblicken ist es viel besser, all den Seelen und Ereignissen, die du beobachtest, deinen Segen zu geben. Wenn du dir klar machst, dass alle Menschen von ihren Seelen zu ihrem ganz eigenen Lehrplan geleitet werden, kannst du dich daran erinnern, dass alles des individuellen oder kollektiven Wachstums wegen geschieht.

Der Verzicht auf Wertungen und die Kultivierung eines Zustands verbindlicher Losgelöstheit – ein Zustand, in dem man völlig präsent und in seinem Körper zu Hause ist und sich selbst gleichzeitig als spirituelles Wesen anerkennt – sind der Weg, auf dem du dich mit Dingen konfrontieren kannst, über die dein Verstand lieber nicht nachdenken würde. Verbindliche

Losgelöstheit ermöglicht dir Verständnis für Situationen, Menschen und Gefühle, die sich in deinem Leben manifestieren.

Durch die Geisteshaltung verbindlicher Losgelöstheit kann sich der Verstand mit seiner Schöpferkraft befassen. Wenn du bemerkst, dass deine Gedanken in negativen Strukturen oder Wertungen festhängen, ist der Moment gekommen, in dem du deine Gedanken aktiv auf umfassendere Themen richten solltest.

Wenn du morgens aufstehst und stets denselben inneren Dialog über dasselbe Thema führst wie am Vortag, was erreichst du dann? Die Gewohnheit erzeugt ein Energiemuster in dem Magnetfeld, das deinen Körper umgibt, und bestätigt deine gewohnheitsmäßige Erfahrung damit wieder und wieder.

Du bist genau das, was du in diesem Augenblick sein sollst. Aber dein von außen beeinflusstes Ich urteilt über dich und das, was du erreicht oder eben nicht erreicht hast. Um dein von außen beeinflusstes Ich in Einklang mit dem Lehrplan deiner Seele zu bringen, muss das Werten aufgegeben werden. Wenn du aufhörst, dein eigenes Leben zu bewerten, bringt das noch einen weiteren Vorteil mit sich: Du hörst gleichzeitig auf, andere zu bewerten. Urteilsfreiheit erkennt die Unschuld aller Seelen an. Wenn das von außen beeinflusste Ich diese Unschuld erkennt, entsteht ein vollkommener Einklang zwischen Intellekt, Persönlichkeit und Seele, durch den wiederum die Schwingungsfrequenz deines Körpers ansteigen kann.

Wenn du dich in diesem Augenblick durch die Augen der Seele sehen könntest, würdest du ein Lichtmuster wahrnehmen, nicht die dichte Form deines Körpers. Wenn du aufhörst, über dich selbst und andere zu urteilen, steigt die Schwingungsfrequenz deines Lichtfelds an, und du wirst, mit den Augen der Seele betrachtet, heller.

Wenn du heller wirst, beschleunigt sich deine Schwingung und du kannst dich mit größerer Anmut und Leichtigkeit bewegen. Deine Anziehungskraft wird stärker, und die physische Welt um dich herum organisiert sich so, dass sie zur höchsten Oktave deiner Vorstellung der Erfahrungen passt, die du machen möchtest – als ein einzigartiges, individualisiertes Bewusstsein.

Sich zum Leben zu bekennen bedeutet, sich zur Veränderung, zum Wissen und zur Intuition zu bekennen. Und es bedeutet, das Werten zu unterlassen. Sich zum Leben bekennen heißt, das von außen veränderte Ich in Einklang mit der Essenz deines Seins zu bringen. Und in deiner Essenz bist du reines, unschuldiges Bewusstsein. Letzten Endes führt dich dieser Prozess zu dem voll umfassten Wissen, dass du göttlich bist.

In dem Augenblick, in dem die Grenzen zwischen dir, anderen Menschen und der Natur zu verschwimmen beginnen, findest du dich in einem bewussten, intelligenten und ineinandergreifend verzahnten Universum wieder.

*Auf Wertungen zu verzichten fiel mir ausgesprochen schwer,
denn über mich und andere zu urteilen ist meine Taktik, um
Veränderungen zu vermeiden. Mir ist aufgefallen, dass ich vor
allem über die Menschen urteile, die mir am nächsten sind.
Ich wünsche mir, dass sie bestimmte Dinge tun und andere
unterlassen. Aber wenn ich diese Ansprüche, die letztlich
darauf abzielen, dass jemand anders mein eigenes Leben verändert, steuere, gelingt es mir zu erkennen, auf welche Weise
ich zu verhindern versuche, meine eigenen Auffassungen und
mein eigenes Verhalten zu verändern.*

*Wenn ich auf Wertungen verzichte und aufhöre, mein Bewer-
tungssystem auf andere zu übertragen (»Ich wünschte, du
würdest erwachsen werden, geduldiger oder aufgeschlos-
sener sein, aufhören, mich zu kritisieren, mehr Rücksicht
nehmen, produktiver werden, flexibler sein« und so weiter),
stelle ich plötzlich fest, dass ich dazu in der Lage bin, positive,
grundlegende und dauerhafte Veränderungen in mir selbst
herbeizuführen.*

Furchtlosigkeit

Sich klarzumachen, dass jede Situation, in die du
gerätst, letztlich dem Lehrplan deiner Seele
dient, ist das wirksamste Gegenmittel
gegen Angst.

– *Solano* –

Wenn du Furchtlosigkeit von dir selbst forderst, wann immer du mit einer beliebigen Situation, einem Gedanken oder einer Abhängigkeit konfrontiert bist, kannst du dich jeder denkbaren Situation mit völliger Geistespräsenz stellen.

Doch wie wird man furchtlos? Was muss man dafür tun? Such dir irgendeine beliebige Situation aus. Die schrecklichste Tragödie, eine furchteinflößende Veränderung, den schmerzhaftesten Verlust, eine persönliche Niederlage, eine Krankheit – all diese Situationen dienen dir letztlich. Sie kommen auf deinen Wink, deinen Ruf hin.

Vermutlich fragst du dich, wie es sein kann, dass du nach einer unangenehmen Erfahrung verlangt hast. Vergiss dabei nicht, dass das Bekenntnis zum Wissen die Erkenntnis erfordert, dass deine Seele dich zu diesem Augenblick hingeführt hat. Sie hat dich zu dieser einzigartigen Mischung von Mustern geleitet, damit du deinen Lehrplan umsetzen kannst. Das Ziel deiner Seele besteht darin, dich zu dem Wissen zu erziehen, dass du göttlich bist.

Deine Seele lässt dich eine Reise des individuellen Ausdrucks unternehmen, auf der du dich selbst als eine Intelligenz kennenlernen darfst, die Teil des großen Ozeans der Intelligenz ist. Wenn du jede Begebenheit als Antwort auf ein Gebet erkennst, kannst du dadurch die Furcht hinter dir lassen und mutig werden.

Du erlebst so oft Zustände der Angst und weißt nicht, was du dagegen tun sollst. Vielleicht bist du dazu in der Lage, eine Angst bis zu ihrer Quelle zurückverfolgen. Vielleicht liegt die Quelle deiner Angst in deinem Bankkonto oder deiner Beziehung, deiner Gesundheit oder deiner Karriere. Vielleicht hast du einfach das Gefühl, dass dein Leben nicht ganz das ist, was du dir erhofft hast.

Es ist sehr leicht, in diesem Zustand der Angst zu verharren. Vielleicht neigst du dazu, zu viel zu essen, und wenn dich die Angst überkommt, flüchtest du in die Speisekammer. Vielleicht ist der Fernseher deine Sucht, also schaltest du ihn an. Oder es ist Sex, und dann manipulierst du die Umstände dahingehend, dass du dich im Augenblick des Orgasmus selbst vergessen kannst. Vielleicht bist du auch süchtig nach einer die Sinne vernebelnden Droge.

Angst kann dazu führen, dass du verzweifelt an deiner Jugend festzuhalten versuchst, aber auch das ist ein Ergebnis fehlgeleiteter Gedanken. Hinter diesem Festhalten steht nämlich die Erwartung, dass du am Leben selbst festhalten könntest. Du kannst dich ebenso wenig an diesem Leben festklammern wie an einem Wirbelwind. Es ist immer in Bewegung, es nimmt mit, was ihm gefällt, und stößt ab, was es eben abstößt. Es ist etwas Wunderschönes. Und etwas Dynamisches.

Akzeptiere das Wissen, dass du lebendig bist, weil du dich zum Leben bekannt hast. Akzeptiere das Wissen, dass du eine dynamische Kraft bist, weil du göttlich bist. Auf diese Weise bestätigst du, dass alles, was in dein Leben tritt, dem Prozess der Veränderung dient. Es dient dem Prozess, deine Bewegung fortzuführen, und ermöglicht es dir, eine Naturgewalt zu sein.

Abhängigkeiten sind Wegweiser zu deinen Ängsten. Du versuchst, mit ihrer Hilfe der Angst aus dem Weg zu gehen. Der Augenblick, in dem sich deine Sucht regt, ist der Augenblick, in dem du aufmerksam werden solltest. Weiche der Angst nicht aus, indem du sie durch Medikamente ruhigstellst oder dich von ihr ablenkst. Sieh sie dir ganz genau an. Sieh dir die Angst an und betrachte sie als eine Form der *Fürsorge*. Betrachte sie als ein erhörtes Gebet.

Was erreichst du mit dieser Reaktion? Sie ermöglicht es dir, in Bewegung zu bleiben und diese Bewegung auch wahrzunehmen. So kannst du spüren, dass du dich veränderst. Furchtlosigkeit – die letztlich bedeutet, dass du jede Situation in deinem Leben als *Möglichkeit* betrachtest – ist eine proaktive, positive Einstellung. Sie ermöglicht es dir, das Leben aus einem positiven Blickwinkel heraus zu betrachten. Und Optimismus ist letztlich die einzig vernünftige Perspektive auf das Leben. Denn sie berücksichtigt, dass du als Lebenskraft ewig existierst.

Eine proaktive positive Einstellung bedeutet, all die Dinge in deinem Leben, die du als negativ betrachtest oder die dir Angst machen, genau anzusehen und sie unter der Annahme zu betrachten, dass alles geschieht, um dich weiterzubringen. Alles geschieht, damit du das Ziel erreichen kannst, deine Schwingungsfrequenz zu steigern. Je höher deine Schwingungsfrequenz ist, desto tiefer verankerst du in dir das wunderbare Wissen um deine eigene Göttlichkeit.

Ich befand mich einmal in einer sehr unangenehmen Situati-
on, in der ich mich vor einer Entscheidung drückte, weil ich
Angst hatte. Es ging darum, wie ich einer Projektpartnerin
mitteilen sollte, dass wir uns in einem Punkt völlig falsch ver-
standen hatten. Die Wurzel meines Zögerns war die Angst
davor, die Liebe beziehungsweise Zustimmung dieser Person
zu verlieren. Sie war mir sehr wichtig, und unser Miteinander
wirkte auf mich sehr vielversprechend.

In Gedanken spielte ich die Situation in zahlreichen verschie-
denen Versionen durch: Ich stellte mir vor, das Ganze einfach
zu ignorieren, selbst die gesamte Verantwortung für das
Missverständnis zu übernehmen oder genug Beweismaterial
zusammenzutragen, um am Ende eindeutig beweisen zu kön-
nen, dass ich im Recht war. Doch dann begriff ich, dass ich zu-
nächst einmal meine Furcht ablegen und von einer geerdeten,
liebevollen und wahrhaft ehrlichen und aufrichtigen Warte
aus auf die Situation reagieren musste.

Natürlich passierte daraufhin kein Wunder. Kein himmlischer
Chor verkündete, dass ich den Test bestanden hatte. Aber ich
konnte das Gefühl der Gelähmtheit überwinden, indem ich

dieses einfache und dennoch machtvolle Bekenntnis anwen-
dete. Ich beschrieb meine Sicht auf die Dinge, ohne meiner
Partnerin Vorwürfe zu machen. Ich akzeptierte meine Rolle
und meine Verantwortung für die Situation. Unser Gespräch
veränderte die Einstellung und Haltung meiner Projektpartne-
rin bezüglich unseres Missverständnisses nicht grundlegend,
aber ich hatte das Gefühl, wieder im Gleichgewicht zu sein.
Ich fühlte mich vollständig und offen für den weiteren Dialog.
Und ein paar Monate später konnten wir wieder miteinander
arbeiten, und es lief besser als je zuvor.

Offenheit

Es gibt keine Geheimnisse.

– Solano –

Die meisten Menschen glauben, dass es möglich ist, Geheimnisse zu bewahren. Aber in Wahrheit gibt es überhaupt keine Geheimnisse. Alles, was du bist, ist offensichtlich. Es wird offensichtlich durch die *Spuren,* die dein Leben hinterlässt. Mit anderen Worten: Du lebst nicht in einem Vakuum. Du bist nicht getrennt von den Dingen, die dich umgeben.

Alles ist bekannt. Wenn du dich dazu bekennst, dein Leben in Offenheit zu führen, sagst du damit auch Ja zum Leben. Wenn du offen lebst, werden all deine kleinen Sünden, deine Neurosen, deine Schamgefühle zu bloßen Urteilen, die dein von außen beeinflusstes Ich über dich selbst fällt.

Wenn du dich verschließt, dich abschottest, bestätigst du damit, dass es etwas in dir gibt, das nicht mit dem Stoff der Göttlichkeit verwoben ist – obwohl etwas Derartiges doch eigentlich gar nicht existiert. Jeder Teil von dir, jede Tat, jedes Wort, das du jemals ausgesprochen hast, jede Gelegenheit, bei der du dich selbst – oder besser: dein von außen beeinflusstes Ego – enttäuscht hast, jedes Mal, wenn du Scham empfunden hast – all diese Dinge sind Bestandteile des Stoffs der Göttlichkeit. In diesem Wissen zu leben erzeugt Offenheit.

Suche jeden Tag nach Möglichkeiten, offener zu leben. Lerne Menschen kennen, mit denen du normalerweise nichts zu tun hast. Begegne ihnen unter der Voraussetzung, dass sie in dem Augenblick, in dem sie Kontakt zu dir aufnehmen, bereits wissen, wer du bist. Und dass auch du sie kennst, wenn du ihnen zum ersten Mal begegnest.

Dein Intellekt und dein von außen beeinflusstes Ego werden behaupten, dass das nicht der Wahrheit entspricht. Du bist ununterbrochen damit beschäftigt, dich selbst davon zu überzeugen, dass du nichts weißt und dass auch andere nichts wissen. Aber die Seele weiß alles, in jedem Augenblick. Wenn du dir selbst erlaubst, an diesem Gedanken festzuhalten, beginnst du zu verstehen, auf wie viel Wissen du zugreifen kannst, indem du einfach nur die deiner Seele innewohnende Weisheit nutzt. Das nächste Mal, wenn du eine neue Bekanntschaft machst, solltest du beispielsweise im Vorfeld darüber nachdenken – und zwar nicht mit deinem Verstand, sondern mit deiner Seele. Du wirst staunen, wie viel dir einfällt, das sich später bestätigt.

Je breiter der Pfad in dir wird, der zu dem Ort führt, an dem du einfach *bist,* desto deutlicher wirst du erkennen, dass du ein ebenso großes Recht hast zu *sein* wie jeder andere auch. Du hast genau so sehr das Recht, dir Ausdruck zu verleihen, wie jeder sonst. Mit diesem Wissen wird es dir leichter fallen, offen zu leben und keine Angst mehr davor zu haben, dich selbst auszudrücken.

Es gibt einen Song von Janis Joplin, in dem es heißt: »Free-
dom's just another word for nothing left to loose.« *Das bedeutet so viel wie: Freiheit ist nur ein anderes Wort dafür, dass
man nichts mehr zu verlieren hat ... Genauso ist es mit Menschen, die keine Angst davor haben, sie selbst zu sein. Häufig
sind sie überlebensgroß, weil sie sich nicht dafür schämen,
was sie sind oder wen sie lieben. Sie haben keine Angst davor,
was andere über ihre Leistung oder ihren Mangel an Leistung
denken könnten. Solche Menschen bezeichne ich gerne als
authentisch. Es scheint, als wäre ihnen bewusst, dass sie jedes
Recht der Welt haben, einfach so zu sein wie sie sind, und die
vollkommen offen und selbstverständlich damit umgehen.
Dadurch wird ihr Energiefeld überlebensgroß.*

*Haben Sie vielleicht schon einmal eine einzelne nackte Person
zwischen lauter bekleideten Menschen gesehen? Die Bekleideten reagieren meist sehr stark auf die Situation. Oft haben
sie Angst vor der nackten Person oder fühlen sich zumindest
unwohl, obwohl ja eigentlich der Nacktheit eine gewisse Verletzlichkeit innewohnt. Dieses Bild ist eine ganz wunderbare
Metapher für dieses Bekenntnis. Offenheit ist wie Nacktsein:
Ihr wohnt Macht inne. Es gibt nichts zu verlieren.*

Dankbarkeit

Dankbarkeit erwächst aus dem Begreifen,
dass das Leben ewig und ein
unfassbarer Glücksfall ist.

– Solano –

Das Bekenntnis zur Dankbarkeit für deine Lebendigkeit, für deine Kämpfe und Gaben, deine Ewigkeit – die Dankbarkeit für jede Erfahrung, die du jemals gemacht hast – verändert die Weise, auf die du dein Leben erfährst, tiefgreifender als alles andere. Ist dein Herz nicht offen, kannst du nicht aufrichtig dankbar sein. Es ist einfach nicht möglich. Wenn du dich durchgängig für ein Gefühl der Offenheit entscheidest, steigt deine Schwingungsfrequenz an und du fängst an, dein Leben unter der Führung deiner Intuition zu leben.

Wenn du das loslässt, was *sein sollte,* und ganz und gar und voller Dankbarkeit das annimmst, *was ist,* wirst du feststellen, dass dein Leben in Bewegung gerät. Diese Veränderung ermöglicht es dir, deine Schwingungsfrequenz dauerhaft zu steigern, so dass du einen Zustand der Gnade erreichst: einen Zustand, in dem du vornehmlich Erfahrungen machst, die von Synchronizität und glücklichen Fügungen geprägt sind.

Ich beriet einmal einen jungen Mann, der in seiner High School-Zeit eine sehr traumatische Erfahrung gemacht hatte. Er war beliebt gewesen, eine Sportskanone und Mitglied im Chor und in der Schauspielgruppe. Seine Familie war ein positives Umfeld, er hatte viele Freunde und war bei Studenten und Lehrern gleichermaßen angesehen gewesen. Doch dann machte er den seiner Meinung nach größten Fehler seines Lebens: Er verliebte sich in einen anderen jungen Mann. In Wahrheit war er freilich nicht der Meinung, diesbezüglich etwas Falsches getan zu haben. Sein eigentlicher Fehler war es gewesen, einem Freund im Vertrauen von seinen Gefühlen für diesen Jungen zu erzählen. Sein Freund erzählte es weiter, und so wurde aus dem beliebtesten Typen der Schule eine Zielscheibe für brutale Gerüchte, Verleumdungen und Schikane.

Er war überzeugt davon, dass in diesem Augenblick aus dem Leben eines privilegierten Insiders unwiderruflich das eines ausgeschlossenen Parias geworden war. Jahrelang kämpfte er mit dem Gefühl, etwas verloren, um etwas betrogen worden zu sein. Vor allem aber kämpfte er mit dem Gefühl, einen riesigen Fehler gemacht zu haben, für den er nun einen hohen Preis zahlen musste.

Unsere Arbeit bestand vornehmlich darin, herauszufinden, aus welchem Grund er Dankbarkeit für den Verlauf der Ereignisse empfinden könnte, in welcher Form seine Erfahrungen dem Lehrplan seiner Seele gedient hatten. Lange Zeit war er nur zu dem Zugeständnis in der Lage, dass sein tiefer Fall ihn mitfühlender und liebevoller gemacht hatte. Doch er war auch stärker und widerstandsfähiger geworden. Und er war all jenen, die trotz der Blamage an seiner Seite geblieben waren, ein besserer Freund gewesen als zuvor.

Aber es dauerte lange, bis er gegenüber dem Verräter wahre Dankbarkeit empfinden konnte. Und noch viel länger, bis er sich selbst dankbar sein konnte und aufhörte, sich vorzuwerfen, dass er sich selbst betrogen hatte.

Als die Dankbarkeit schließlich eintrat, tat sie es als Ergebnis der Einsicht, dass er keinen Fehler gemacht hatte, sondern vielmehr ein Risiko eingegangen war: Er war offen gewesen, er hatte sich als der gezeigt, der er nun einmal war. Von diesem Standpunkt aus konnte er Dankbarkeit dafür empfinden, dass seine Entscheidung ihm den Weg gewiesen hatte und dass es sich dabei nicht um einen Weg der Schande und Entehrung handelte. Stattdessen konnte er mit offenen Armen die Gaben annehmen, mit denen ihn diese schicksalhafte Zeit in seinem Leben beschenkt hatte.

Wenn es dir schwerfällt, Dankbarkeit zu empfinden, solltest du dich in verbindlicher Losgelöstheit üben. Verbindlich, aber gleichzeitig losgelöst zu sein ermöglicht dir eine erweiterte Perspektive. Dazu musst du deinen Blickwinkel verschieben, so dass du dein Leben als ein Kaleidoskop von Erfahrungen verstehst, die sich bewegen und verändern. Die Gesichter und Tätigkeiten und Beziehungen, aus denen sich dein Leben zusammensetzt, sind die Muster. Sie verschieben und verändern sich. Doch sie alle sind aus demselben Stoff gemacht. Und du bist die Konstante.

Du bist das Ich, das all das beobachtet und gleichzeitig auch in all diese Vorgänge involviert ist. Das Ich ist unzerstörbar und ewig.

Dennoch ist Losgelöstheit nicht ausreichend.

Sei dankbar für deine Existenz und die Weisheit, die du ansammelst. All die Veränderungen, die du durchlebst, ermöglichen es dir, eine Perspektive der verbindlichen Losgelöstheit einzunehmen. Du begreifst, dass sich die kaleidoskopartigen Bilder, die du vor dir siehst, ändern. Und wieder ändern. Alles ändert sich. Und du bist, in deiner Seele, die einzige Konstante.

Dankbarkeit verhindert, dass du versuchst, die herumwirbelnden kleinen Glassplitter im Kaleidoskop deines Lebens festzuhalten. Stattdessen lässt du einfach zu, dass sich das Bild bewegt und verändert, und genießt dabei das Spiel seiner Farben. Dankbarkeit funktioniert in jeder denkbaren Situation. Sie spricht den Verstand, das von außen beeinflusste Ich, den Körper und die Seele an.

In jedem Augenblick strahlen deine Gedanken, Handlungen und die Schwingung, die du erzeugst, ab auf eine veränderliche, wandelbare, plastische Realität. Und dann strahlen sie in Form des Niederschlags deiner Erfahrungen zurück auf dein Leben.

Der Verstand nutzt diesen Niederschlag häufig als Beweis, dass du wertlos bist oder dein Leben schlecht geführt hast. Dass du dich schämen solltest oder in deiner Entwicklung hinterherhinkst. Es ist wichtig, dass du dich von dieser Form der Verurteilung loslöst.

Deine spezielle Schwingung strahlt ab auf die plastische Realität, die dich umgibt, und kehrt als Signal, als Zeichen zurück – aber auch als Geschenk: Es handelt sich dabei nicht um eine Bestrafung, und es ist auch kein Beweis dafür, dass du eine harte Bestrafung verdient hättest. Nichts davon ist wahr. Deine Schwingung strahlt unschuldig, rein und als eine Möglichkeit zum Lernen zurück auf deine Existenz. Auf diese Weise erzeugst du selbst Situationen, die es dir ermöglichen, etwas zu lernen.

Wenn eine Situation auf dein Leben zurückstrahlt und du nicht glücklich damit bist, wirst du vermutlich nach der Ursache suchen, nach einem Gedanken oder einem Augenblick, den du als Fehler identifizieren kannst. Es ist sehr wichtig, dass du in solchen Momenten nicht urteilst. Wenn du ohne Wertung an diese Situationen herangehst, kannst du dich weiterhin frei bewegen, anstatt dich in der Widerspiegelung einer bestimmten Lektion zu verfangen. Genauso, wie sich das Kaleidoskop dreht, drehen sich auch die Szenen, die vor dir liegen – und dann lösen sie sich auf. All das ist plastisch und reagiert auf seine

Umgebung. Der Satz »Es ist Gottes großes Vergnügen, dir das Königreich zu schenken« lässt sich auf jede Situation anwenden, auf alles, womit du dich konfrontiert siehst – ganz gleich, ob du deine Situation als schwierige Herausforderung oder als glückliche Fügung betrachtest. Alles ist ein Geschenk einer bewussten, intelligenten Quelle – und kein Anlass zu Verurteilung.

Dich zur Dankbarkeit zu bekennen ermöglicht es dir, alle Bestandteile deines Lebens voller Leidenschaft anzunehmen.

DER LEHRPLAN

Deine Seele ist für dein Wachstum verantwortlich.
Sie stellt den Lehrplan auf, dem du
dein Leben lang folgst.

– Solano –

Du hast noch nie in deinem Leben einen Fehler gemacht. Nicht einen einzigen. Du bist niemals gestrauchelt und hast dich nie geirrt. Dir werden ununterbrochen Möglichkeiten geboten, dich daran zu erinnern, wer du wirklich bist. Und diese Möglichkeiten stammen aus deiner Seele. Du magst Dinge erleben, die grauenerregend, schmerzhaft und furchteinflößend sind. Aber selbst diese Erfahrungen sind Teil des Lehrplans deiner Seele.

Du wächst ununterbrochen hinein in die Verantwortung, die mit dem umfassenden Wissen darum einhergeht, dass *du* Gott bist. Wenn du ganz plötzlich begreifen würdest, dass du Gott bist und mit einem einfachen Gedanken Welten zerstören und völlig neue erschaffen kannst – wärst du dann verantwortungsbewusst genug, nicht den Verlockungen zu unterliegen, die eine derartige Macht mit sich bringt?

Es liegt im besten Interesse der gesamten Schöpfung, dass du diese Macht hast und lernst damit umzugehen. Gott, die Quelle von allem, was ist, möchte, dass du deine immense Kreativität nutzt und deine angeborene Macht in ihrer Gänze annimmst – und diese Macht ist die Macht zur Schöpfung.

Gott ist die Lebenskraft, die das Sein, die Existenz von allem um uns herum ermöglicht. Aber wenn das so ist, warum lässt er dann zu, dass es Negatives gibt, dass Gewalt und Schmerz und Erniedrigung existieren? Die Antwort ist ganz einfach: Jedes Geschöpf durchlebt eine Art von Abhängigkeit oder lähmender Angst, von der es immer und immer wieder angezogen wird. Derartige Instanzen existieren unter Zustimmung der Seele. Die Seele erzeugt diese Erfahrungen, damit das Individuum die Möglichkeit hat, der Furcht zu begegnen und sie zu überwinden. Wirst du durch eine solche Erfahrung von deiner inneren Mitte entfernt, handelt sich dabei um einen deutlichen Hinweis. Er verweist auf einen Umstand, in dem du spürbar nicht eins bist mit der wohlwollenden, großzügigen und mitfühlenden Intelligenz, die über alle Schöpfung herrscht.

Die Umwandlung derartiger Ignoranz in Wissen, das ist die Basis des Lehrplans deiner Seele.

Dort, wo du anfällig bist für Abhängigkeiten oder
Angst, kannst du gleichzeitig deine
größte Kraft erlangen.

– Solano –

Wenn man bewusst den Weg der spirituellen Weiterentwicklung beschreitet, den Weg, der zu der Macht führt, nach Belieben Dinge entstehen zu lassen, kommen auch Verlockungen auf. Um es ganz deutlich zu sagen: Verlockungen bestehen nicht nur darin, versucht zu sein, etwas Verbotenes oder Hedonistisches zu tun. Manchmal besteht die größte Verlockung im Leben in der Anziehungskraft von Angst und Wut. Derartige Versuchungen entstehen immer wieder, damit du größere Tiefe erreichen und weiter wachsen kannst. Sie entstehen, damit du die Reaktionen, die deine Gene herbeiführen, durch deine Kindheit und die innere Einstellung, die du für dein Selbst hältst, ablegen kannst.

Die Seele macht diese notwendigen Versuchungen zu einem Teil deines Lebens, damit du dich von diesen Einstellungen und Verhaltensweisen loslösen kannst. So treten all jene Werte deutlich hervor, die nicht zur Seele gehören, sondern von der Persönlichkeit und dem von außen beeinflussten Ich angenommen wurden. Die Seele rückt sie ins Licht, damit sie verwandelt werden können.

Erkenne deine Süchte und Ängste. Das ist der
erste Schritt zur Wiedererlangung deines
größten Kraftpotenzials.

– Solano –

Lass uns über die Sucht nach Anerkennung nachdenken. Der nach Anerkennung Suchende ist überzeugt davon, dass er in Sicherheit ist, wenn er nur genug Anerkennung bekommt. Er versucht ununterbrochen, sich angemessen zu benehmen, und umgibt sich mit Menschen, die zu dem Bedürfnis nach Anerkennung (oder Missbilligung) seines von außen beeinflussten Ichs passen. Das Bedürfnis nach Anerkennung ist das Bedürfnis nach Sicherheit. Wer abhängig von Anerkennung ist, fühlt sich unsicher in seinem Körper, seiner Kultur, seinem Geschlecht, seinem Beruf, seinem Leben.

Wann immer er Angst vor Missbilligung hat, verliert er Energie. Meistens bemerkt dieser Mensch nicht einmal, dass er Energie verliert – aber sie schwindet und braucht sich auf diese Weise nach und nach auf.

Eine andere Form von Energieverlust findet statt, wenn Menschen sehr alte Sorgen mit sich herumtragen. Sie verlieren über ihr Herz Energie. Ihnen ist gar nicht bewusst, dass sie die Liebe zu einem Objekt gemacht haben und ihr einen Platz außerhalb ihrer selbst gegeben haben. Wenn sich die Liebe, die sie gesucht haben, nicht manifestiert, sind sie todunglücklich. Und

wenn sie niemals erkennen, dass sie selbst für ihre Gefühle verantwortlich sind, wodurch sie das Leck in ihrem Herzen reparieren könnten, dann verlieren sie weiterhin Energie über ihr Herz.

Ein weiteres gewaltiges Energieleck ist das geradezu absurde
Ausmaß an Worten, das die meisten Individuen von sich geben. Stille ist in dieser Welt ein rares Gut. Die Menschen neigen
zum Plappern. Sie plappern über Dinge, von denen sie nichts
wissen, sie sprechen Dinge aus, die sie gar nicht glauben, tä-
tigen einerseits Äußerungen, die Schwäche ausdrücken, und
andererseits sagen sie Dinge, die so kraftvoll sind, dass sie in
ihr Leben zurückzureflektieren und Schwierigkeiten verursachen. All dieses Gerede ist eine Form von Energieleck.

Du verlierst Energie, wenn sich deine Gedanken im Kreis drehen und du immer wieder dieselben Theorien anwendest, mit
denen dein Intellekt glaubt, dein Leben kontrollieren zu können. Wenn du Kraft haben willst, müssen derartige Energielecks repariert werden.

Die Abhängigkeit von Sex, Zigaretten, Alkohol, Drogen und
Nahrung geht zurück auf die Suche nach etwas außerhalb des
Selbst, das ein Gefühl der Ganzheit und Erfülltheit im Inneren
erzeugt. Da sich diese Suche auf das Außen bezieht, treten
Lecks auf. Die Lecks werden erst gestopft, wenn du begreifst,
dass wahre Erfüllung von innen kommt. Derartige Erfüllung
entsteht, wenn man die Liebe versteht und voll und ganz lebt.

Die Liebe ist ein von tiefer Stille erfüllter
Seinszustand. Sie ist unwiderstehlich
und kohärent.

– Solano –

Viele Menschen halten Liebe für eine nach außen gerichtete Energie. Doch das ist ein Missverständnis. Liebe ist voller Ruhe und erneuerbar. Sie erwächst aus dem tiefen Verständnis, dass das eigene Sein unentbehrlich für das Universum ist. Man lehrt euch, dass Liebe eine Emotion ist, die eure Beziehung zu anderen definiert. Obendrein bringt man euch bei, dass Liebe ein Opfer und ein Besitz ist. Deshalb glaubst du vermutlich, dass du verletzlich und der Welt ausgeliefert bist, dass du keinen Erfolg haben kannst, wenn du jeden und alles liebst. Aber dem ist nicht so.

Wenn du dich in den Seinszustand der Liebe begibst, durchlebst du eine Übergangszeit. In dieser Übergangszeit bist du tatsächlich verletzlich. Es gibt Momente, in denen du Angst vor der Liebe empfindest. Manchmal hast du das Gefühl, deine Ziele nur erreichen zu können, indem du Vorwürfe und Missbilligung, Zorn oder Verurteilungen aussprichst. Du weißt nicht immer, wie du dich ausdrücken sollst, wie du deine innere Mitte wahren und weiterhin liebevoll bleiben sollst. Manche Augenblicke sind ausgesprochen unangenehm: Du bemühst dich, eine neue Seinsweise anzunehmen und in der Schwingung der Liebe zu Hause zu sein. Doch unterdessen nutzen die meisten

Menschen noch immer Mittel wie Einschüchterung, Erniedrigung und Anspannung.

Diese beiden Seinsformen können einfach nicht koexistieren. Sie können es nicht. Wenn sie anfangen, um die Vorherrschaft in deinem Leben zu kämpfen, wird es Momente geben, in denen du dich darum bemühst, liebevoll zu sein, und dennoch Verhaltensweisen an den Tag legst, die nicht liebevoll sind. Aber habe keine Angst: Letzten Endes werden die Leichtigkeit und Anmut, die mit dem Ausleben der Liebe einhergehen, unwiderstehlich werden, und deine alten Verhaltensweisen brechen weg.

Wenn du versuchst, Liebe voll und ganz auszuleben, und dabei Angst entwickelst, kannst du auf einmal unbeschreiblich viel mehr erreichen als zuvor. In einem solchen Augenblick ruft deine Seele dich nämlich zu deiner wichtigsten Lektion. In diesem Augenblick hast du die Möglichkeit, von einer Verständnisebene zur nächsten fortzuschreiten. In einem solchen Augenblick ist dein mächtigstes Werkzeug die Stille.

Mit Ende sechzig bekam meine Mutter Parkinson. Ihr Verfall wurde drastisch beschleunigt, als sie stürzte und sich die Hüfte brach. Das Narkosemittel, das man ihr während der Hüftoperation verabreichte, führte zusammen mit den Parkinson-Medikamenten zu psychotischem Verhalten. Es war klar, dass sie eine Rund-um-die-Uhr-Betreuung brauchte, und das hieß: Sie musste in ein Pflegeheim.

Ich lebte damals in Kalifornien und war ganz und gar mit meiner Karriere als Regisseur beschäftigt. Ich arbeitete für eine prominente Persönlichkeit als Leiter der Produktionsfirma. Mein Leben war erfüllt und aufregend, und ich hatte das Gefühl, dass ich gerade erreichte, wovon ich mein Leben lang geträumt hatte.

Als ich meine Mutter zum ersten Mal in ihrem Pflegeheim besuchte, flehte sie mich an, sie nach Hause zu bringen. Sie wollte dort nicht sein. Sie wollte in dem Haus leben, das sie nach dem Tod meines Vaters gekauft hatte.

Für mich entstand aus dieser Situation heraus ein Gefühl der Angst davor, sie zu lieben. In diesem Augenblick hatte ich panische Angst davor, sie zu lieben, weil ich glaubte, dass ich dann Entscheidungen würde treffen müssen, die mir die Möglichkeit nehmen würden, mein Leben so zu leben, wie ich es wollte. Ich hatte Angst um meine Freiheit, um die Möglichkeit, mich selbst zu erfüllen. Wenn ich sie liebte, würde ich dann nicht mein Leben, meine Träume und Sehnsüchte opfern, indem ich in meine Geburtsstadt und zu meiner Mutter zurückzog, damit sie für den Rest ihrer Tage in ihrem eigenen Heim leben konnte?

So, wie ich es heute sehe, handelte es sich bei dieser Art der Liebe um eine nach außen gerichtete Liebe. Das ist eine Form der Liebe, die sich auf die andere Person bezieht, ehe sie Bezug auf die eigene Seele nimmt. Oder, noch komplizierter, der Verstand nimmt Bezug auf das von außen beeinflusste Ich. Ausgehend von der Erwartung, die man bezüglich der Liebe zu einem anderen Menschen an sich selbst richtet, befürchtet man Schuld oder Scham.

Erst, als ich mich voll und ganz in den Seinszustand der Liebe fallen ließ, verstummten die Störfrequenzen und Schuldzuweisungen, und ich konnte einen klaren Blick auf die Situation werfen. Ich brachte meine Mutter wieder in ihr Haus zurück – wovon mir viele Menschen abgeraten hatten, denen ihre Bitten ebenfalls zu Ohren gekommen waren. Ich half ihr, durch das ganze Haus zu gehen, von Zimmer zu Zimmer. Sie legte sich auf die Couch, und nach einer Weile bat sie darum, wieder in ihr Pflegeheim zurückgebracht zu werden. Obwohl sie es niemals ausgesprochen hat, glaube ich, dass in jenem Augenblick auch sie selbst begriff, dass es einfach nicht mehr möglich war, in ihrem Haus zu leben.

W
A
S

D
I
E

S
E
E
L
E

S
I
E
H
T

Viel wichtiger als die Situation selbst war die Erfahrung, aus dem Drama der Liebe als eine nach außen gerichtete Energie herauszutreten. Diese nach außen gerichtete Liebe hätte mich zu Handlungsweisen verleiten können, die uns beiden nicht genutzt hätten.

Wenn man den Ruhepunkt in sich selbst findet,
erreicht man damit den Seinszustand
der Liebe.

– Solano –

Stille erfordert nicht, dass man allein ist. Sie braucht auch nicht viel Zeit. Allerdings kommt es selten vor, dass man sich die Zeit für Stille nimmt, wenn man mit anderen Menschen zusammen ist – sei es nun ein Verkäufer im Laden oder ein enger Freund. Nur selten hält man inne und spürt seiner Seele nach. Doch in dem Augenblick, in dem du es tust, treten alle Antworten ganz deutlich hervor: wie du in der Liebe zu Hause und in die Richtung streben kannst, in die deine Seele drängt. Die Antworten manifestieren sich mit einer Leichtigkeit und Anmut, die deinem von außen beeinflussten Ich unbekannt und nicht zugänglich ist. In dem Augenblick, in dem du dich entscheidest, nicht zu reagieren, ist die Stille dein. Du findest Zugang zur Stille, wenn du beschließt, dich in deine Seele zu vertiefen, anstatt deinen üblichen Kommunikationswegen zu folgen.

Vergiss nicht, dass die Seele nur die Liebe kennt.

– Solano –

Das ist *alles*, was die Seele kennt: Liebe. Die Liebe der Seele ist das, was dich als individualisiertes Bewusstsein zusammenhält.

Die Energie wird nicht durch das verändert, was du in einer bestimmten Situation nach außen hin tust oder sagst. Es geht darum, die Energie innerhalb deines Körpers zu verändern. Keine Geste, kein Wort ist notwendig, um zu signalisieren, dass du dein Herz geöffnet hast. Die Energie verlagert sich, wenn du in dein Herz hinabsinkst und vollkommen in deinem Körper präsent wirst. In dem Augenblick, in dem es keinen Widerstand gegenüber dem Lehrplan gibt, den dir deine Seele präsentiert, befindest du dich in einem Zustand authentischer Macht. Dort, in deinem Inneren, liegt die Quelle aller scheinbaren Realität, und dort ist deine gesamte Realität formbar. Wenn du dich bewusst und absichtlich in einen Zustand authentischer Macht versetzt, wird sich der Traum, der dich umgibt, so verwandeln, dass er zu den Werten der Seele passt. In diesem Augenblick lösen sich Kontroversen, Wut und Angst auf, und die Liebe triumphiert ganz mühelos.

Eine Bekannte von mir, eine wirklich entzückende junge Frau, lebte in New York, wo sie als Schauspielerin Fuß zu fassen versuchte. Außerdem meditierte sie regelmäßig, und wenn sie von einem Casting mit der U-Bahn nach Hause fuhr, nutzte sie die Gelegenheit und versenkte sich in ihre Meditation. Eines Tages spürte sie, wie sich jemand neben sie setzte, und als sie aufsah, blickte sie in die wütenden Augen eines Jugendlichen, der ihr befahl, ihm all ihr Geld zu geben. Ohne zu zögern erwiderte sie: »Ich segne dich als der Gott, der ich bin.« Einige angespannte Moment lang starrte der junge Mann sie an, dann stand er ruckartig auf und ging weg.

Als ich sie fragte, was in diesem Augenblick geschehen sei, antwortete sie, dass sie keine bewusste Entscheidung getroffen habe, sondern einfach ihrem Gefühl gefolgt sei. Sie hatte sich an einem Ort der Ruhe und Stille befunden, und so hatte anstelle ihres von außen beeinflussten Egos ihre Seele sprechen können.

Vergiss nicht, dass du all die Werkzeuge besitzt,
die du brauchst, um deine Energielecks
zu reparieren.

– Solano –

Wann immer du Angst oder das Gefühl von Abhängigkeit verspürst, das mit Angst einhergeht, bringt diese Empfindung alles mit sich, was du brauchst, um sie in etwas anderes als ein Energieleck umzuwandeln. Du trägst nicht grundlos eine Abhängigkeit, eine Angst oder ein Energieleck in dir. Deine Seele will, dass du mit diesem Umstand konfrontiert wirst. Deine Seele will, dass er vorhanden ist. Auf diese Weise lenkt deine Seele deine Aufmerksamkeit auf einen Ort, an dem du innerhalb deiner selbst Zugang zu deiner Kraft, also zu deiner Macht hast.

Wenn du Tag ein, Tag aus, Jahr für Jahr mit einer Neurose konfrontiert warst, ist dadurch deine Aufmerksamkeit auf deine größte Kraftquelle gelenkt worden. Wenn deine Weisheit wächst, kannst du die Tür langsam öffnen und die Neurose einladen, anstatt ihr die Tür vor der Nase zuzuknallen. Deine Angst vor der Abhängigkeit, dem Gewohnten, wird abnehmen, je mehr du dich in deiner Seele heimisch fühlst.

In dieser Vorgehensweise liegt Weisheit. Du baust deine Angst vor dir selbst ab, fürchtest dich nicht mehr vor dem, was du bist. Diese Furchtlosigkeit signalisiert der Seele, dass du bereit bist, die gesamte Kraft, die gesamte Macht zu übernehmen –

dass du wahrhaftig bereit bist, Macht auszuüben, damit dein Leben voranschreitet.

Die meisten Menschen straucheln, wenn sie eine Krise durchleben, wenn sie mit Krankheiten oder anderen Umständen konfrontiert werden, die sie ihrer Meinung nach keinesfalls selbst hervorgerufen haben können. Sie widersetzen sich dem Auftreten dieser Umstände in ihrem Leben. Dieses Widersetzen signalisiert der Seele, dass das Individuum noch nicht bereit ist, die ihm innewohnende Kraft voll und ganz anzunehmen.

Immer dann, wenn du über die Ereignisse in deinem Leben
nachdenkst und sie für willkürlich hältst – wenn du
glaubst, dass sie nichts mit dir zu tun haben –,
dann stehst du dem größten Energieleck
überhaupt gegenüber.

– Solano –

In dem Augenblick, in dem du die Präzision, die Vollkommen-
heit der Ereignisse in deinem Leben anerkennst, hörst du auf,
von deiner selbsterzeugten Realität abhängig zu sein. Du be-
trittst den Ort, an dem die Ursachen beheimatet sind, einen
Ort authentischer Kraft. Die Herausforderungen in deinem
Leben bewusst anzunehmen ist der wirksamste Weg, um Stärke zu erlangen. Eine Herausforderung ist immer auch ein Geschenk. Sie ist eine Möglichkeit. Sie ist eine Manifestation deiner Seele, die zu dir ausruft und sagt: »Begegne dem, was du
manifestiert hast, mit deinem ganzen Selbst. Es wird dich zum
nächsten Augenblick weitertragen und dir tiefer greifende Energie und Kraft schenken. Wenn du dem, was du manifestiert
hat, mit deinem ganzen Selbst begegnest, wirst du von einem
Lichtschild ermächtigt – einem Schild, das reine Liebe ist.«

Wenn Individuen den Wunsch verspüren zu wissen, dass sie
göttlich sind, manifestieren sich ihre Abhängigkeiten und
Ängste immer rascher. Plötzlich folgen die Manifestationen
einander auf dem Fuße.

Eine der größten Abhängigkeiten ist die von Geld. Die Menschen begehren Geld als ein Mittel, um Kontrolle über ihr

Leben zu gewinnen. Man kann diesem Schema folgen und folgen und folgen, doch Geld zu besitzen bringt trotzdem keine Kontrolle über das eigene Leben. Geld zu besitzen verleiht dir keine Macht. Es ist eine Illusion, dass Macht durch Geld entsteht. Wer ein wenig Geld besitzt, kann zwar bis zu einem gewissen Grad das Wesen der Macht begreifen, Dinge zu erschaffen – aber diese Macht entspringt nicht dem Geld. Die Macht manifestiert sich zuerst.

Die Aufgabe ist ganz einfach: Wenn du dich gefangen fühlst in deinen Ängsten bezüglich deines Kontostands, deines Alters oder deines Wunsches, das Verhalten anderer zu kontrollieren, wenn du ein Verlangen nach Geld verspürst, weil du glaubst, dass es dir die Freiheit schenken wirst, nach der du dich sehnst – dann musst du deine Aufmerksamkeit auf dein Inneres richten. Und dann begreifst du, dass der Gedanke an Geld dir einfach nur den Weg zu dem Ort in deinem Inneren weist, an dem deine größte Kraft und Stärke verortet sind – dem Ort in deinem Inneren, der die Heimat der *Ursache* ist.

Es gab einmal einen Mann, der dem Verlangen, Geld auszugeben, nicht widerstehen konnte – und es ging um eine Menge Geld. Wenn ein Bettlaken gut war, waren zehn noch besser. Wenn ein Kunstwerk seine Sammlung perfekt ergänzt hätte, kaufte er lieber fünf. Er wusste sich einfach nicht zu helfen. Und er galt als ein sehr einflussreicher Mann. Seine Bücher und Seminare waren ausgesprochen gefragt.

Aber das Geldausgeben (also das Leck) holte ihn ein, und er war kurz davor, alles zu verlieren – außer dem, was er nicht verlieren konnte: seine Fähigkeit zur Selbstreflektion. Mitten im Bankrott erkannte er, dass er dadurch auf seine Essenz reduziert worden war, eine rohe, reine und lodernde Energie. Jetzt, wo er keine Möglichkeit mehr hatte, seine Energie durch die Sucht nach dem Anschaffen von mehr und mehr Gütern zu verlieren, begann er, seine Energie beisammen zu halten. Sie erfüllte sein ganzes Sein. So wurde er sogar noch klarer und anziehender, wacher und aufmerksamer, als er es je zuvor gewesen war. Wie durch ein Wunder hatte er immer genug Geld, um seine Bedürfnisse befriedigen zu können – ein Zuhause, Reisen, Nahrung und Kleidung. Und er war glücklicher und fühlte sich erfüllter als damals, als er unglaublich wohlhabend gewesen war.

Die Begierden und Wünsche, die du verspürst,
sind nicht das, was du bist.

– *Solano* –

Deine Sehnsüchte, Begierden und Wünsche stellen dir eine Art Landkarte zur Verfügung. Landkarten dienen dazu, dir zu zeigen, wo du dich gerade befindest und welchen Weg du nehmen musst, um den Ort zu erreichen, an dem du sein möchtest. Die Landschaft deines Lebens – deine Sehnsüchte, deine Ängste und Abhängigkeiten – zeigen dir, an welchen Stellen du Energie verlierst. Sie zeigen dir, wie du dich selbst authentischer ermächtigen kannst, um ein beseeltes Selbst zu werden, das ein strahlendes Licht aussendet.

Dein Lichtfeld wächst oder schrumpft, je nachdem,
ob du Energie verlierst oder die Energie
in deinem Inneren beisammen
halten kannst.

– *Solano* –

Stelle dir selbst die Frage, ob du das Gefühl hast, dass ein Aspekt deines Lebens dir Energie gibt oder nimmt – ganz egal, um was es sich handelt. Wenn du diesen einfachen Maßstab auf jede Beziehung, jede Art von Vergnügen, jede Fantasie, jede Sehnsucht anwendest, wirst du schnell dazu in der Lage sein zu erkennen, was dein Licht verstärkt und was es dämpft.

Es gibt viele verschiedene Dinge, die dein Licht dämpfen können. Aufgrund eurer Lebensweise sind alle Menschen voneinander abhängig, denn ihr glaubt, nur miteinander Zustimmung und Gewinne erreichen zu können. Daraus folgt, dass ihr häufig Gefühle erlebt, die das Licht dämpfen. Wut dämpft das Licht; Furcht, Neid, Eifersucht, Lust, Unsicherheit und Begehren dämpfen es ebenso, genauso wie der Wunsch, einander zu kontrollieren. Nur eines verstärkt das Licht: Liebe.

Du sehnst dich nach Liebe – der Liebe einer Mutter, eines Vaters, eines Freundes, einer Bekanntschaft, eines Lebens- oder Sexualpartners. Dein Begehren verortet die Quelle: die Liebe außerhalb deiner selbst. Wenn du begreifst, dass du die Liebe, nach der du dich sehnst, auf etwas außerhalb von dir projizierst, dann kannst du das Muster umstrukturieren. Es gab

Augenblicke, in denen du das Gefühl hattest, dass dir Liebe weggenommen wird. In solchen Momenten enthüllt sich der Lehrplan deiner Seele, und du hast die Möglichkeit, die Liebe Gottes zu erleben. In dem Augenblick, in dem du die Liebe Gottes als deine Selbstliebe übersetzt, wirst du zum göttlichen, liebenden Selbst.

Indem das Herz diesen Weg wieder und wieder beschreitet, erkennt es letztlich, dass es keine äußerliche Liebe gibt. Wenn du etwas außerhalb deiner Selbst als die Quelle der Liebe identifizierst, verlierst du Energie. In der Folge suchst du nach der nächsten, der übernächsten, der überübernächsten Quelle der Liebe. Doch sobald du aufhörst, dort draußen nach der Liebe zu suchen, und innerhalb deines eigenen Seins suchst – wenn du das liebst, was du bist, und dein Leben liebst – dann hast du dir die Liebe ganz zu eigen gemacht. Und wenn du dir die Liebe zu eigen gemacht hast – was manifestiert sich dann deiner Meinung nach?

Es ist die Liebe, die sich manifestiert, und sie vermehrt und verbreitet sich wieder und wieder.

Vergiss nicht, dass allein die Liebe, die du verkörperst,
über deine Lebensqualität bestimmt.

– Solano –

Wenn du erkennst, dass die Quelle von Liebe, Gesundheit, Überfluss, Sicherheit und Wissen in deinem Inneren liegt, verändert sich dein Leben. Dieser Heilungsprozess muss sich eine Weile lang entwickeln, um das Leck in deinem Herzen stopfen zu können. Nichts kommt von außen; alles entspringt deinem Inneren. Regionen zu verstärken, an denen sich ein Leck befindet, erfordert immer denselben Prozess. Du musst all das identifizieren, was du außerhalb deiner selbst verortest – und dem du Macht über dich zusprichst –, und dann die Quelle dieser Kraft in deinem Inneren wiederaufbauen.

Um ein Energieleck zu reparieren, musst du zunächst einmal anerkennen, dass deine Seele dich auf diese Weise zu deinem Lehrplan gerufen hat – in Form einer Angst, einer Abhängigkeit oder einer unerfüllten Sehnsucht, mit der du dich konfrontiert siehst.

Wann immer sich ein solches Gefühl manifestiert, solltest du dir selbst klarmachen, dass es sich um das Werk deiner Seele handelt. Sie ruft dich an (du selbst rufst dich an) und fordert dich auf, dir selbst auf kreative Weise zu einer neuen Einsicht zu verhelfen. Es mag hart wirken. Harte Lektionen sind hier auf der Erde ziemlich häufig. Es gibt sogar Menschen, die panisch um ihr Leben bangen. Aber die Angst ist kein kapriziöser Ausdruck deiner Seele, sondern ihr Versuch, dich zu fragen, ob du bereit bist, einer Verlockung oder Angst ins Auge zu sehen und sie umzuwandeln.

Halte bei jeder Verlockung inne. Lenk dich nicht ab, geh nicht ans Telefon und versuch nicht, jemand anders die Schuld zu geben. Räum nicht das Haus auf, nimm kein Buch zur Hand, schalte nicht den Fernseher ein. Halte in diesem Augenblick inne und erkenne an, was du vor dir siehst. Erkenne, dass du von deiner Seele angerufen wirst.

In dem Moment, in dem du etwas anderes als Liebe empfindest, in dem Augenblick, in dem du das Gefühl hast, dass sich dein Herz zusammenzieht, wirst du von deiner Seele angerufen.

Begreife, *dass du selbst all das auslöst,* nicht, weil du dich selbst nicht lieben würdest, sondern weil es der effektivste, zweckdienlichste Weg ist, ein Energieleck zu reparieren und dich selbst wieder stark zu fühlen. Wenn deine Seele dich anruft, zeigt sie dir, auf welche Weise du dir selbst im Weg stehst, wie du dich selbst einschränkst. Du spiegelst deine eigene Verletzlichkeit wider, damit du statt dessen Stärke aufbauen kannst. Wenn du diese Bewegung erst einmal erkannt hast, kannst du dich vollständig der Frage widmen, wie du deinen aktuellen Ängsten kreativ begegnen kannst. Du versetzt dich selber in einen Zustand des Mutes.

Als Nächstes solltest du anerkennen, dass deine Seele dich anruft, um deine Aufmerksamkeit auf deine größte potenzielle Macht zu lenken. Du solltest deine Ängste, Abhängigkeiten und Verluste weniger als Schwachpunkte, sondern als deine größten Stärken ansehen. Denn durch sie lenkt die Seele deine Aufmerksamkeit auf das Leck, damit du dein höchstes Potenzial erreichen kannst.

Eine Angst als eine Möglichkeit zu betrachten, Stärke zu erlangen, sorgt dafür, dass die Seele mehr Licht erzeugt. Wenn du die Angst als eine Möglichkeit betrachtest, dir deiner eigenen Göttlichkeit bewusster zu werden, reagiert die Seele darauf. Du fängst an, auf eine den Körper nährende Weise Herr über deine Angst zu werden. Die Energie des Körpers wird so zusammengehalten.

Energielecks lassen dich innere Kraft und Vitalität in deinem physischen Leben verlieren. An dem Ort in deinem Körper, an dem du die Furcht empfindest, entsteht ein Energieleck. Dort entwickelt sich dann ein körperlicher Schwachpunkt. Wenn die Schwäche chronisch wird, können an dieser Stelle Krankheiten entstehen. Auch Krankheiten sind eine Möglichkeit der Seele, dich aufzuwecken.

Du musst die Kraft zurückerobern, die du anderen Menschen oder äußeren Umständen zugesprochen hast. Erinnere dich selbst daran, dass dir niemand die Liebe, den Überfluss, die Gesundheit, Freiheit oder Befriedigung geben kann, nach der du suchst. Sag dir selbst immer wieder, dass niemand dir irgendetwas wegnehmen kann, das dein Ganzsein beeinflussen kann.

Wenn du in Gedanken eine Situation durchspielst und keine Angst vor Verlusten, Erniedrigung oder Gewalt hast, kann dein Herz offen sein. Wenn du keine bestimmten Erwartungen an die Situation stellst, bist du dazu in der Lage, wirklich vollkommen präsent zu sein und die Anregungen deiner Seele wahrzunehmen.

Versiegeln lässt sich dieser neue Behälter deiner Energie durch
Dankbarkeit. Wenn du Dankbarkeit empfindest, kannst du fühlen, was es heißt, in deiner inneren Mitte Energie zu speichern,
anstatt sie zu verlieren. Gespeicherte Energie schenkt dir ein
Gefühl der Erfülltheit. Dieses Gefühl entspringt nicht einer äußeren Quelle, sondern wird im Inneren erzeugt.

Du wirst feststellen, dass das Leck mit jedem Mal, da du diese
Schritte ausführst, kleiner wird. Mehr und mehr wirst du dich
selbst als ein Energiefeld erleben, das durch Liebe zusammengehalten wird – die Liebe der Seele. Damit ermöglichst du dir
selbst größere Effektivität und eine gesteigerte Fähigkeit, voranzuschreiten und die Dinge zu erreichen, die deine Seele als
den Lehrplan deines Lebens vor dir ausgebreitet hat.

DER TRAUM

Was du als Realität erlebst, ist in
Wahrheit nur dein Traum.

– *Solano* –

Du glaubst, dass du gezeugt und geboren wurdest und dass du einmal ein Baby warst, aus dem dann ein Erwachsener wurde. Du besitzt Fotografien und deine alten Babyschuhe, die beweisen, dass es sich so ereignet hat. Und doch hat es sich so nicht abgespielt. Es geht sogar noch weiter: Wenn für dich die Zeit kommt, diese Realität zu verlassen und zur nächsten voranzuschreiten, wirst du nicht sterben und zu Staub zerfallen. All das sind nur Spiele, die dein Verstand spielt. Dein Verstand ist darauf ausgerichtet, Kontinuität zu erzeugen, eine Geschichte zu erzählen. Er ist sozusagen darauf ausgerichtet, die einzelnen Punkte miteinander zu verbinden.

Dein Verstand verbindet all die Ereignisse in deinem Leben – deine Fahrt von Zuhause ins Büro, deine Umzüge, die Ziele, die du erreicht hast – zu einer zusammenhängenden Geschichte. Er erfindet einen Handlungsverlauf mit Anfang, Mitte und Schluss. Dein Verstand passt die Geschichte an die Illusion der Zeit an.

Dieser Traum des Lebens verfügt über seine eigenen Gesetze, Regeln und Richtlinien. Du selbst bist Teil des Prozesses gewesen, in dem diese Regeln erzeugt wurden. Obwohl du dich selbst als diesen Regeln unterworfen erlebst, sind eigentlich *sie dir* unterworfen. Um die Macht deines Traums nutzen zu können, musst du den folgenden Gedanken zu fassen bekommen: Obwohl du dein Leben hier als etwas Kontinuierliches wahrnimmst, das exakt in die Grenzen von Zeit und Raum eingepasst ist, ist dieses Erleben eine absolute Illusion.

Zeit und Raum sind nicht absolut, und sie sind auch nicht
die Grundlage, auf der Veränderungen erfahren
werden. Die Erfahrung von Veränderungen
beruht auf Gedankenprozessen und sich
wandelnden Bewusstseinszuständen.

– Solano –

Zeit und Raum sind Gesetze, die die Menschheit erschaffen hat, um den Übergang von einem Bewusstseinszustand zum nächsten erklären zu können. Wenn du anfängst, den Übergang von einem Bewusstseinszustand zum nächsten nachzuvollziehen und dich eher auf den Übergang als auf die Illusion der Zeit konzentrierst, hältst du den Schlüssel zu der Fähigkeit in der Hand, deinen Traum nach Belieben zu verändern.

Dein Verstand träumt, dass du von einem Ort zum anderen gehst, fährst oder fliegst. Es ist dein Verstand, der all die Punkte auf deinem Weg erzeugt. Er hat deine Kindheit geträumt, deine Jugend, deine Ehe und deine Kinder.

Die eigentliche Kontinuität in diesem Prozess besteht darin, dass du als fühlende, unendliche Seele Seinszustände träumst. Du träumst Bewusstseinszustände. In diesem Moment träumst du einen Bewusstseinszustand, in dem du über die wahre Natur deines Seins nachdenkst.

In diesem Traum des Menschseins suchst du nach Möglichkeiten, dir selbst zu erklären, wie du vom Säuglingsalter zu dem aktuellen Punkt in deinem Leben gelangen konntest.

Und im Rahmen dieses Traumes wirst du genauso auch mit der dir verbleibenden Zeit umgehen.

Dieses Prinzip hat zahlreiche Auswirkungen. Eine der wichtigsten besteht darin, dass Schmerz nicht real ist. Angst ist nicht real. Der Tod ist nicht real. Geburten sind nicht real. Der Intellekt tut sich ziemlich schwer damit, diese Einsicht anzunehmen. Denn dein Intellekt sagt dir, dass er doch Beweise dafür hat, dass du hingefallen bist und dir das Knie aufgeschlagen hast. Er sagt, dass er Beweise für deine erste Liebesnacht hat. Dass deine Narben und Trophäen von deiner Vergangenheit sprechen. Aber auch sie sind alle Traummaterial. All diese so genannten Beweise werden von deinem Verstand erschaffen, um die Bewusstseinszustände zu erklären, die du durchläufst.

Ich muss zugeben, dass mein Intellekt jedes Mal, wenn ich über diese Information nachdenke, vor Anstrengung zu rauchen beginnt. Ich hielt geliebte Menschen in den Armen, als sie starben. Nach ihrem Tod saß ich stundenlang neben dem Leichnam meiner Mutter, und er kam mir ziemlich real vor, ebenso wie die Schmerzen, die sie bis zum Augenblick ihres Todes gelitten hatte. Ich habe Schmerzen und Tragödien durchlebt und Neugeborene auf dem Arm gehalten.

Wie kann es möglich sein, dass Schmerz, Tod und Triumph nur Illusionen sind? Für mich gibt es lediglich eine Möglichkeit, diese Vorstellung intellektuell zu erfassen: indem ich versuche, die scheinbare Realität, die mich umgibt, durch die Linse eines gedanklichen Mikroskops zu betrachten. Dieses Mikroskop kann Materie auf ihre kleinsten Bestandteile reduzieren: vom Molekül zum Atom zum Proton und weiter zum Neutron und Elektron bis zu den Neutrinos und der Leere zwischen den Partikeln. Wussten Sie, dass die meisten Neutrinos, die unseren Körper passieren, von der Sonne stammen? Und dass pro Sekunde Billionen von Neutrinos den menschlichen Körper durchdringen?

*Wenn ich an diese Vorgänge und an Phänomene wie Radio-
und Mikrowellen, Fernseher und Handys denke, hilft mir das,
mich für die Möglichkeit zu öffnen, dass ich ein Bewusstsein
bin, das in einem Traum existiert, und dass ich in diesem
Traum gefangen gehalten werde – und zwar mittels meines
eigenen Einverständnisses beziehungsweise meines Glaubens
an die Regeln dieses Traums. Und dennoch wache ich jeden
Morgen auf und spüre festen Boden unter den Füßen, und ich
kann auch nicht durch Wände gehen oder fliegen wie in meinen nächtlichen Träumen.*

*Das erinnert mich an ein Tolstoi-Zitat: »Unser Leben ist nichts
weiter als einer der Träume des wirklichen Lebens, und deshalb ist es endlos, bis zum allerletzten, dem wahrhaft wirklichen Leben, dem Leben Gottes.« Ich weiß diese Einladung zu
einer Erweiterung der Grenzen meines Verständnisses für das,
was ich für die Realität halte, zu schätzen – obwohl diese Erweiterung einen Sprung von meiner gewöhnlichen Denkweise
zu einer anderen erfordert, die weitaus schwerer aufrecht zu
erhalten ist.*

Dein Intellekt ist darauf programmiert, in diesem
Leben, in dem du Bewusstseinszustände
träumst, Sinn zu finden.

– Solano –

Es ist von Wichtigkeit, die Aufgabe deines Intellekts zu verstehen, allerdings nicht deshalb, damit du weiterhin an deiner persönlichen Geschichte, deinen persönlichen Lebensumständen festhalten kannst oder du die Welt nur durch deinen Blickwinkel siehst. Aus der Perspektive der Individualität heraus glaubst du, dass Menschen geboren werden, ihr Leben leben und dann sterben. Diese Perspektive führt dazu, dass ihr euer Leben mit Geschichten über das Leben auffüllt, und das erzeugt in euch den Wunsch, diese Erlebnisse und Geschichten in den Griff zu bekommen und sie dadurch zu kontrollieren.

Aufgrund deiner Programmierung erzählst du dir immer wieder selbst Geschichten – über deine Ambitionen bei der Arbeit, deinen steigenden und fallenden Kontostand, über deine Urlaube. Du kämpfst mit deinem Körper, hungerst und mästest dich und trachtest danach, ihn zu kontrollieren. Und schließlich erzählst du dir dann selbst die Geschichte, dass es an der Zeit ist, diesen Traum zu verlassen.

Du lebst in einem Traum, in dem allgemein davon ausgegangen wird, dass du identisch mit deinem Körper bist. Die meisten deiner Geschichten handeln von deinem Körper und da-

von, wie er mit den Regeln dieses kollektiven Traums zurecht-
kommt. Aber du hast deinen Körper ebenso geträumt, wie du
deine persönliche Geschichte geträumt hast. Du träumst, dass
Menschen sterben und nicht mehr sind. Du träumst, dass es
viele Kräfte gibt, die dich hier auf der Erde niederdrücken.

Aber es gibt nur Gott: die Quelle von allem, was ist. In Gott
gibt es keine Unterteilungen. Aus Gottes Perspektive gibt es
nicht einmal individuelle Manifestationen Gottes. Genauso, wie
die Zelle am Ende deines rechten Zeigefingers Teil deines Körpers ist, so sind alle Teile Gottes Teil dieser einen Kraft.

Du besitzt den freien Willen, der es dir ermöglicht, dich selbst
als abgespalten und einzigartig zu träumen. Doch selbst während du diesen Traum des Abgespaltenseins träumst, versuchst
du zu begreifen, dass du ganz und gar Gott bist. Du strebst
danach zu verstehen, dass alles, was du in deinem Traum
wahrnimmst, Gott ist.

Selbst jetzt, da du diese Worte liest, träumst du. Du versuchst,
von einem Bewusstseinszustand zum nächsten voranzuschreiten, in welchem du dir deiner selbst als eines Träumenden
bewusst wirst.

Wenn du das Bewusstsein, dass du der Träumende
bist, ganz und gar annimmst, machst du damit
die Kraft des Traums nutzbar.

– Solano –

Das Bewusstsein, dass du der Träumende bist, voll und ganz anzunehmen, ist eine weitere Möglichkeit, Angst auszumerzen. Auf diese Weise fängst du an, dich selbst als in Einheit mit Gott zu verstehen. Wenn du begreifst, dass du eins mit Gott bist, fängst du an, alle Ereignisse als bedeutungsvoll wahrzunehmen. Du fängst an, alle Elemente deines Traums als Kommunikation von dir, Gott, mit dir selbst zu erleben.

Die Macht deines Traums nutzbar zu machen
bedeutet, deine Vergangenheit und deine
Zukunft loszulassen.

– Solano –

Um die Macht deines Traums nutzbar machen zu können, musst du deine Traumurteile über den gegenwärtigen Augenblick aufgeben. Du stellst dir deinen Körper als eine Masse vor, die oft eine Art Eigenleben zu haben scheint. Doch eigentlich handelt es sich bei deinem Körper um eine vollkommen fließende Ansammlung von Schwingungen.

Dein Körper hört auf die Erklärungen, die ihm dein Verstand über deine Handlungen in den verschiedenen Bewusstseinszuständen, die du annimmst, gibt. Er fließt. Nichts verhindert diesen Fluss mehr als dein Beharren darauf, deine Identität von deiner Vergangenheit abzuleiten – ganz gleich, ob sie nun wunderschön, armselig oder vollkommen durchschnittlich verlaufen ist; oder du machst deine Identität abhängig von der Zukunft, die du anstrebst, von deinen Zielen und Ambitionen.

Wenn du ohne zu urteilen im Hier und Jetzt verankert bist, erreicht dein Bewusstsein die denkbar größte Fähigkeit zu fließen.

Dein Verstand, der die Geschichte deines Lebens
erfindet, gestaltet den Stoff, aus dem
dein Körper ist.

– Solano –

Du hast jedes noch so kleine Detail dessen, was du für die Realität hältst, geträumt, um die Geschichte deines Lebens zu konstruieren. Wenn du dieses Wissen in deinen Gedanken festhalten und aufrecht erhalten kannst, bist du dazu in der Lage, deinen Traum in genau das zu verwandeln, was du dir wünschst.

Wenn du anerkennst, dass diese gesamte Realität ein Traum ist, ermöglichst du es dir damit, eine Art Beobachter einzusetzen, ein inneres Auge, das alles sieht. So beginnst du mehr und mehr durch die Augen der Seele auf dein Leben zu schauen. Auf diese Weise beginnst du zu erkennen, wie du die Geschichte deines Lebens erfindest, wie du sie spinnst. Außerdem erreichst du so die Fähigkeit zu erkennen, dass der Tod eines Individuums in Wahrheit nicht bedeutet, dass dieses Individuum Schmerzen erleidet. Hierbei handelt es sich nur um eine besonders häufig erzählte Geschichte. Es ist wahr, dass der Körper möglicherweise Schmerzen durchleidet. Aber du hast dich selbst in die Erfahrung des Schmerzes geträumt, und somit bist du auch dazu in der Lage, dich wieder hinauszuträumen.

Wenn du den Gedanken erfassen kannst, dass du eine unendliche und unzerstörbare Essenz bist, und begreifst, dass sich dein Bewusstsein verändert und den Traum errichtet, den du als dein Leben erfährst, dann bleibt nur noch eine Frage offen: Warum tust du all das? Welchen Nutzen hat es?

Die Antwort ist zweigeteilt. Zum einen dienen diese Vorgänge natürlich deinem Lehrplan, also dem Wunsch deiner Seele, dass du dich selbst als Aspekt Gottes erfährst. Du siehst dann, was die Seele sieht. Zweitens richtet sich der Fokus seit einigen Jahrzehnten zunehmend darauf, Individuen beizubringen, sich selbst zu lieben. Der Schritt von dem Bewusstseinszustand, in dem du dich nicht liebst, zu dem anderen Bewusstseinszustand, in dem du dich liebst, ist ein ausgesprochen wichtiger Schritt. Wenn dieser Schritt getan ist, dann ist dir klar geworden, dass du selbst damals, als du dich noch nicht geliebt hast, zutiefst fasziniert von dir warst. Von deinem Leben. Von deinem Traum.

Wenn dich dieser Traum langweilen würde, würdest du nicht in ihm bleiben. Aber er sagt dir zu. Du fühlst dich unterhalten und siehst ihn als Möglichkeit, dich selbst zu erfreuen. Er ist eine Möglichkeit, in das Bewusstsein voranzuschreiten, dass du selbst das Eine, das Mysterium, das Unendliche, das Absolute – dass du Gott bist.

Manchmal durchlebst du in deinem Traum schwere Zeiten voller problematischer Gefühle. Vielleicht fragst du dich dann, welche Rolle diese Gefühle bei dem Lernprozess spielen, durch den du begreifst, dass du eins bist mit allem, was ist.

Was tust du, wenn du Angst hast? Oft ist es die Angst, die dich dazu veranlasst, deinen Traum verstehen zu wollen. Sie versetzt dir einen Stoß in Richtung einer Phase, in der du deinen

Bewusstseinszustand aktiv erkundest. Oft ist es die Angst, die ein Individuum zu der Einsicht bewegt, dass alles ein Traum ist. Wenn es die Angst nicht gäbe, würdest du einfach erfreut, hingerissen und mit dem permanenten Gefühl, bestens unterhalten zu werden, durch deinen Traum spazieren. Es ist die Angst, die dich dazu bewegt, nach der Quelle zu suchen.

Die Angst erweckt in einem Individuum den Wunsch, von einem Bewusstseinszustand zum nächsten voranzuschreiten. Letzten Endes liegt das Ziel darin, in einen Bewusstseinszustand einzutreten, in dem du das Potenzial des Traums nutzbar machen kannst. In einem solchen Augenblick kann dir dieselbe kreative Kraft, die dir angsterfüllte Erfahrungen beschert, einen Mentor, einen Heiler, einen reinigenden Moment schenken. Der Verstand stellt einen Zusammenhang zwischen den beiden Bewusstseinszuständen her. Im Endergebnis schreitest du von einem Zustand, in dem du in deinem Traum gefangen bist, voran zu der Erkenntnis, dass du selbst der Träumende bist – also in das Wissen, dass du allein verantwortlich bist für den Traum.

Zu wissen, dass du der Träumende und allein
verantwortlich für den Traum bist, lässt
dich mitten im Traum erwachen.

– Solano –

Ziemlich am Anfang des Prozesses, durch den ich das Gelernte in mein Leben integrieren wollte, versuchte ich, eine außerkörperliche Erfahrung herbeizuführen, also das Gefühl, außerhalb des eigenen Körpers zu schweben. Ich dachte, wenn mir das gelingen würde, könnte ich mein Bewusstsein soweit verlagern, dass es eins mit meiner Seele wird. Ich führte die dazu nötigen Übungen pflichtbewusst aus, immer wieder. Ich legte mich hin, schloss die Augen und visualisierte, wie ich aus meinem Körper schlüpfte, mich aufsetzte und auf mich selbst hinabsah.

Eines Nachmittags führte ich die Übung erneut durch und fand mich selbst plötzlich unerklärlicherweise in der Küche wieder, wo ich ins Spülbecken starrte. Ich hatte keine Ahnung, was ich hier wollte, also ging ich in den Flur und weiter ins Wohnzimmer. Als ich um die Ecke bog, sah ich meinen Körper, der auf dem Sofa schlief. In diesem Augenblick wurde ich überwältigt von einer tiefen, leidenschaftlichen Liebe für meinen Körper, die mich umgehend in ihn zurückkehren und ruckartig erwachen ließ.

Ich war mitten in meinem Traum des Menschseins erwacht und hatte eine fühlbare Erfahrung meines Selbst als Seele gemacht – außerhalb meines menschlichen Körpers.

Denke einen Augenblick über den körperlichen Tod nach. Wenn ein Individuum stirbt, wenn es diesen geträumten Körper verlässt, erwacht es in einem neuen Traum. In diesem neuen Traum findet es sich in der höchsten Bewusstseinsfrequenz wieder, die das Individuum in seinem vergangenen Traumreich erreichen konnte. In der Regel konstruiert das Individuum eine Geschichte, um zu erklären, wie es an diesen Ort gekommen ist. Es konstruiert eine weitere Geschichte, in der es ein Kind war, Eltern hatte, unter idyllischen oder grauenhaften Umständen aufgewachsen ist. Und in diesem Traum gibt es neue Konventionen, mit denen das Individuum arbeiten muss, Konventionen, die künstlich erschaffen und allgemein akzeptiert wurden.

Das ist auch dir in diesem Leben passiert. Du bist an deiner höchsten Bewusstseinsfrequenz aus deinem letzten Leben, deinem letzten Traum an genau dieser Stelle erwacht. Ab und zu gelingt es dir schon, zu erkennen, dass all das hier ein Traum ist. Es ist die Klarheit dieser Augenblicke, die dir helfen, für kurze Momente hinter dein erschaffenes Traumreich zu blicken.

Du bist ewig. Und du träumst für immer und ewig. In der Bibel heißt es: »Im Haus meines Vaters gibt es viele Wohnungen.«

Ganz genauso ist es hier auf dieser Ebene der Traumrealität und in der Unendlichkeit der Traumrealitäten, die jenseits dieser hier existieren. Du bist im Besitz einer unendlichen Anzahl von Wohnungen und Schöpfungen, durch die du schreiten und die du entdecken kannst und die auf deiner Reise zu deiner Unterhaltung beitragen können. Dein Traum mag von großartigen Leistungen handeln. Was auch immer du träumst: Dein Traum ist nur eine der Wohnungen, die dir die Quelle – aus der alles kommt – bietet.

Du kannst dich in jedem Augenblick dafür entscheiden,
dich in einem neuen Traum einzurichten.

– *Solano* –

Wenn du deinen Traum konstruierst und dich darin einrichtest, träumst du auch die Menschen, die deinen Traum bevölkern, und du erzeugst eine Geschichte, die Kontinuität hervorbringt. Für die meisten Menschen entsteht Kontinuität nicht einfach aus ihrer Geschichte in diesem Leben, sondern auch aus den Erfahrungen vergangener Generationen. Sie alle sind Träume. Shakespeare hatte etwas davon begriffen, als er schrieb: »Oh Gott, ich könnte in einer Nussschale eingesperrt sein und mich für einen König von unermesslichem Gebiete halten, wenn nur meine bösen Träume nicht wären.« (*Hamlet,* 2. Akt, II. Szene)

Eure Gene sind geträumt worden. Die Naturgesetze sind geträumt worden. Das soll nicht heißen, dass sie nicht verifizierbar wären. In diesem Traum könnt ihr sie verifizieren, aber sie entwickeln sich ununterbrochen weiter und verändern sich, um sich an den Traum des sich weiterentwickelnden Bewusstseins anzupassen. Wäre es möglich gewesen, den Traum von Mobiltelefonen und Raumfahrt durch das im 17. Jahrhundert vorherrschende Gruppenbewusstsein aufrecht zu erhalten? Und könnte der Traum der Teleportation oder spontanen Neubildung von Gliedmaßen im 21. Jahrhundert existieren? Diese Dinge werden entstehen, indem sich die Naturgesetze weiterentwickeln, weil sie sich an das sich ebenfalls weiterentwickelnde Gruppenbewusstsein anpassen.

Nicht die Wissenschaft entdeckt die wahre Natur
der Realität. Ihr, die Träumenden und eure
Wissenschaftler als Träumende, träumt
die wahre Natur der Realität.

– Solano –

Ist dir schon einmal aufgefallen, dass Science-fiction, die anfangs nur ein Produkt der Vorstellungskraft ist, nach einer Weile zur wissenschaftlichen Tatsache wird? Science-fiction inspiriert den Gruppenverstand dazu, neue Lebensweisen zu träumen, die sich schließlich in der Traumlandschaft als Realität manifestieren.

Je stärker ihr versucht, den Stoff, aus dem der Traum gemacht ist, mit euren Gedanken zu durchdringen und euch selbst als göttlich zu erkennen, desto leichter könnt ihr den Bewusstseinszustand wählen, in dem ihr euch am besten unterhalten fühlt. Auf diese Weise könnt ihr euch selbst als eine Seele identifizieren, die für immer in einem Traumreich in einem Traumkörper zu Hause, aber nicht dort eingesperrt ist.

Verspürst du den Wunsch, die Kraft des Traums nutzbar zu machen? Verspürst du den Wunsch nach Frieden? Verspürst du den Wunsch, deine Kreativität voll auszuleben? Verspürst du den Wunsch, dich selbst als die Quelle des Überflusses im Universum kennenzulernen? Verspürst du den Wunsch, dich selbst als Quelle von allem kennenzulernen, was ist? Dann bist du bereit, einen Bewusstseinszustand hervorzurufen, in dem du mitten im Traum erwachst und das Fließen in deinem Traums in ihrer Gänze erlebst.

Du bist in dem Bewusstseinszustand angekommen, in dem du dazu in der Lage bist, diese mächtigste aller Lehren zu erhalten – und zwar durch Träumen und indem du verschiedene Mentoren, Lehrer und Disziplinen zurate ziehst. Aber du musst wissen: *Du* hast jeden einzelnen Bewusstseinszustand erzeugt, der mit dem Erscheinen all dieser Dinge in deinem Leben korrespondiert.

Nicht die Meditation, nicht das Chanten oder der Lehrer oder Heiler hat den Bewusstseinszustand erzeugt, in dem du dich jetzt befindest. *Du* warst es. Deine Seele, die durch deinen Lehrplan schreitet, ist verantwortlich für das Bewusstsein, das du erreicht hast.

Du hast einen Bewusstseinszustand erzeugt, in dem du mitten im Traum erwachst. Du identifizierst dein Leben als Traum. Du beginnst, dich selbst als unendlichen Geist wahrzunehmen. Und du fängst an, deinen Körper nicht als etwas Festes, sondern eher als reine Intelligenz wahrzunehmen, die sich selbst in Traumform artikuliert.

Jetzt, wo du danach strebst, in deinem Traum zu noch größerer Klarheit zu erwachen, kannst du die Dinge vorantreiben, indem du dir selbst verdeutlichst, dass du der Träumende bist. Du bist Gott. Du bist das Unendliche Mysterium. Du bist das Eine, das sich als die Vielen artikuliert – und als dieser Traum.

Wenn du dich in einem Zustand der Stille und Ruhe befindest, suche die Quelle deines Traums. Versuche herauszufinden, von

welchem Ort aus er projiziert wird. Atme dich in jeden einzelnen Augenblick hinein, erfahre empirisch, dass dieser Augenblick das Einzige ist, was existiert. Auf diese Weise kannst du,
der Träumende, eins mit der Quelle all deiner Träume werden.

Es ist der Zustand der Ruhe und Stille, in dem du
dich als das Zentrum des Universums
fühlen kannst.

– *Solano* –

Für den linearen Verstand ist der Gedanke, das Zentrum des Universums zu sein, häufig verwirrend. Er fragt sich: »Aber wenn ich das Zentrum des Universums bin, was sind dann alle anderen?« Die Antwort lautet, dass auch sie das Zentrum des Universums sind – ihr alle bewohnt denselben Raum. Ihr alle seid in demselben Absoluten zu Hause.

> »In einem unendlichen Universum kann jeder
> Punkt als das Zentrum betrachtet werden, da
> jeder Punkt zu allen Seiten von einer unendlichen
> Anzahl von Sternen umgeben ist.«
> Charles William Johnson

Wenn du dich selbst als das Zentrum des Universums betrachtest, fokussierst du all deine Träume auf diesen Moment und lebst im Traum deines Lebens – und das ist nicht linear. Das Denken steigt vom Intellekt zu einer seelenbasierten Erfahrungsebene ab. Dein linearer Verstand spinnt den Traum zu einer Geschichte weiter. Und dein Verstand ermöglicht es dir mit seinen einzigartigen Fähigkeiten, die Leerstellen zwischen den Bewusstseinszuständen zu füllen.

Vielleicht wirkt es im Augenblick so, als sei all das ganz leicht zu verstehen. Vielleicht erzeugst du ein Bewusstseinsfeld, in dem du zu fassen bekommst, dass all das hier ein Traum ist, dass alles im Fluss ist, dass es keine Vergangenheit oder Zukunft gibt. Es gibt nur Gott, und dieser Gott bist du. Und doch wachst du vielleicht schon morgen wieder auf und hast mal wieder vergessen, dass du in deinem Traum lebst, und so träumst du einfach weiter, füllst die Leerstellen zwischen den Bewusstseinszuständen, stellst Verbindungen zwischen Erfüllung und Mangel, zwischen Gewinn und Verlust her.

Wenn dir das passiert, besteht deine Aufgabe darin, häufiger aus deinem Traum zu erwachen. Denn das ist der Wegbereiter zu einem umfassenden Erwachen. Der Schlüssel zum Erwachen liegt darin, den Zweck des Traums zu verstehen. Wie du dich vielleicht erinnerst, dient der Traum einzig deiner Unterhaltung. Du befindest dich in diesem spezifischen Traum – deinem Leben! –, weil er ein so reichhaltiges Unterhaltungsmaterial für dich bietet. Bedenke, du – als Gott – hast dich geteilt. Du – als Gott – hast dich deshalb geteilt, weil du diese vielfältigen Erfahrungen sammeln möchtest. Du – als Gott – bist unterhalten von dieser großartigen Möglichkeit, verschiedene Leben und Erfahrungen zu sammeln.

Wenn du feststellst, dass du einen Bewusstseinszustand erzeugt hast, in dem du dich nicht befinden möchtest, hast du genau den Augenblick erreicht, in dem du aufhören kannst. Das ist der Augenblick, in dem du die Möglichkeit hast aufzuwachen! Erinnere dich selbst daran, dass du träumst und sich der Traum in ständigem Fluss befindet. In dem Augenblick, in dem du das tust, wird sich deine Perspektive verschieben.

Wenn du alles mit ausreichender Klarheit siehst und dein Ge-
wahrsein tief an den Ort verlagerst, an dem das Traummaterial
erzeugt wird, wird sich der Traum verändern.

Alle Dinge existieren gleichzeitig und nehmen
denselben Raum ein.

– Solano –

Die meisten Individuen sind sich darüber im Klaren, dass sie existieren, aber sie begreifen nicht notwendigerweise, dass sie als Teil einer größeren Intelligenz fungieren. Die Menschen reagieren ununterbrochen auf den größeren Intelligenzraum, aber auf bewusster Ebene ist ihnen das nicht klar. Genauso geht es ihnen mit dem Gruppenverstand, ihrem kollektiven Bewusstsein.

Mit großer Wahrscheinlichkeit bist du heute Morgen nicht mit dem Gedanken aufgewacht: Ich werde mich heute so und so anziehen, weil aufgrund der vorherrschenden Konventionen bezüglich Geschlecht, Klasse, Zielsetzung in dieser meiner Kultur erwartet wird, dass ich mich so und so kleide. Vermutlich hast du einfach nur überlegt, in welchen deiner Kleidungsstücke du dich besonders wohlfühlst und welche zu den aktuellen Umständen passen. Aber unterhalb dieser Überlegungen befinden sich all die Beschränkungen, die durch den Gruppenverstand vorgegeben werden.

Auch viele andere Dinge entstehen durch den Gruppenverstand. Ein großer Teil deiner inneren Einstellung und deiner Meinung über dich selbst, dein Leben und andere Menschen in deinem Leben sind das Ergebnis dieses Gruppenverstandes. Viele deiner Überzeugungen darüber, was Erfolg bedeutet und wie ein gutes Leben aussieht, sind aus dem Gruppenverstand entstanden. Der Gruppenverstand wirkt sich aus auf den Traum, den du träumst. Denn es wird auch ein Gruppentraum, ein kollektiver Traum, geträumt. Der Gruppentraum hat den Traum des Planeten Erde erzeugt. Er hat die Umwelt hier erzeugt. Er hat die Evolution der Arten erschaffen und zu einer komplexen, sich weiterentwickelnden Schöpfung gemacht. In diesem Jahrhundert ist ein Körper etwas ganz anderes als der Körper vor 100 oder 100.000 Jahren. Warum? Weil Gedanken den Stoff des Traums verändern.

An dieser Stelle ist es wichtig, einen Unterschied zwischen bewussten und unbewussten Geisteszuständen zu machen. Das Leben, das die Seele führt, spielt sich im Unterbewusstsein ab und ist in jedem beliebigen Augenblick zugänglich. Manchmal kommuniziert dieser Teil deines Selbst durch Träume und deine Intuition mit dir. Die Seele zeigt dir dann, was sie sieht. Die Seele hat eine größere Perspektive. Sie sieht sich selbst als Teil eines größeren Körpers, als Teil Gottes.

Die Seele kann dich aus ihrer Perspektive heraus voller Mitgefühl und Furchtlosigkeit in eine Situation manövrieren, in der du heftige Gefühle durchlebst. Derartige Erfahrungen ermöglichen es dir, in das volle Bewusstsein um deine eigene Göttlichkeit einzutreten. Wenn du ohne Angst untersuchen würdest, was du durch solche Gefühle erreicht hast, wüsstest du diese Gefühle viel mehr zu schätzen. Wenn du dir vor dem Erleben von intensiven Gefühlszuständen bewusst machen könntest, warum deine Seele sie braucht, und dann diesem Bedürfnis nachkämst, müsstest du diese Situationen überhaupt nicht durchleben.

Alle Gefühle spiegeln die Schwingung,
den Ton wider, in dem du lebst.

– Solano –

Jeder Mensch hat seinen Urton, seine eigene Schwingungsfrequenz. Dieser Ton ist eine Mischung aus bewussten Gedanken und Gedanken auf der Seelenebene, also im Bereich des Unbewussten.

Viele Menschen haben in sich ein Vorwärtsdrängen ihrer Seele, welches das von außen beeinflusste Ich nicht wahrnimmt. Dieser Mangel an Wahrnehmung ist ein bewusster Akt des von außen veränderten Ichs. Es tendiert zur Starrheit, während die Seele ganz und gar biegsam ist. Die Seele nimmt alles, was ist, in seiner Gänze an, weil sie weiß, dass sie unzerstörbar ist. Sie weiß, dass sie hier ist, um unterhalten zu werden.

Wenn du erkennst, dass all deine Erlebnisse – auch diejenigen, die du besonders ernst nimmst – nur deiner Unterhaltung dienen, gewinnst du dadurch die Fähigkeit, mit einer gewissen Verspieltheit an dein Leben heranzugehen.

Du musst den Sprung wagen und dir die
Erkenntnis zu eigen machen, dass es
Gott ist, der du bist.

– *Solano* –

Auch bei Menschen, die seit Jahren den Weg der Selbsterkenntnis beschritten haben, kann es vorkommen, dass ihre Sprache noch immer die tiefverwurzelte Überzeugung verrät, dass sich Gott außerhalb von ihnen befindet. In intellektueller Hinsicht wissen sie zwar, dass Gott in ihrem Inneren existiert, aber die Vorstellung hat nicht den Weg bis in ihr intuitives Wissen gefunden. Dabei ist es absolut elementar für den Entwicklungssprung, diese Vorstellung voll zu umfassen.

Untersuche deine Sprache hinsichtlich der wahren Natur deines Seins. Untersuche, wie du von dir selbst in Bezug auf das Göttliche denkst. Diese Selbstreflektion ist entscheidend für den Seelenlehrplan. Deine Identität in der Seele anzusiedeln und die unendliche, zeitlose Perspektive der Seele anzunehmen, bietet dir die Möglichkeit, das von außen beeinflusste Ich zu überwachen und ihm die Orientierung zu bieten, die es braucht, um dem Entwicklungssprung zuzustimmen und bewusst an ihm teilzunehmen. Du musst das Wissen, *dass du eins bist mit der göttlichen Intelligenz,* tief in deinen Eingeweiden verankern. Je mehr du diese Reaktion trainierst, desto weniger wird das von außen beeinflusste Ich unter den von der Seele erzeugten Erfahrungen zusammenzucken.

Wenn du die Erkenntnis, dass du Gott bist und somit eins bist mit allem, was ist, wenn du dies in seiner Gänze annimmst, nimmst du auch deine Fähigkeit an, den Verlauf, die Richtung, die Beschaffenheit und Erfahrung des Gruppentraums zu verändern.

– *Solano* –

Denke einmal zurück an die Zeiten in deinem Leben, in denen
du dieses gesteigerte Verständnis – dass du eins mit allem
bist – empfunden hast, wie kurz auch immer sie gewesen sein
mögen. Diese Augenblicke sind ein Gipfel, ein Höhepunkt in
der Gedankenschwingung, in der du normalerweise lebst. Und
diese gehobenen Gedanken, auch wenn sie nur kurzfristig existieren, verschieben den Mittelwert – also den Durchschnitt –
der Gedanken im Gruppentraum.

Die Verschiebung, die du durch diese Augenblicke in deiner
Kultur bewirkst, hallt nach in einem größeren Rahmen – also
im Universum. Dein Wunsch zu verstehen, dass du träumst,
beeinflusst dein Leben. Denn er versetzt dich in Traumerfah-
rungen, die dich in deinem Prozess voranbringen. Indem der
Prozess Schwungkraft erhält, verbindet er dich mit anderen
Menschen, die ihre Gedankenprozesse ebenfalls anheben.

Du verstehst zunehmend deine Kraft und damit deine Kultur zu
verändern, und deine Kultur reflektiert dieses Wachstum wiederum. Fernsehen und Internet sind gute Beispiele. Noch nie
zuvor war es den Menschen möglich, soviel darüber zu wissen,
was sich auf der ganzen Welt ereignet, und mit anderen zu

interagieren. Die Menschen reagieren unterschiedlich auf diese revolutionäre Veränderung. Einige heißen sie als positiven Wandel willkommen, der letztlich dazu dient, die Gesellschaft zu erziehen und weiterzuentwickeln. Aber jene, die sich mit dem von außen beeinflussten Ich identifizieren, neigen zur Starre. Sie versuchen, die Flut aufzuhalten. In vielen Kulturen äußert sich diese Tendenz zur Starrheit, die dem Wunsch entspricht, die Flut der kulturellen Evolution aufzuhalten, in dem Trend hin zur Praktizierung von fundamentalistischen Religionen.

Ein Beispiel kultureller Evolution wird durch das Potenzial von Gentechnik und dem Klonen von Menschen verkörpert. Beides gilt in dieser Kultur als regelrechtes Tabuthema. Viele glauben, dass die Menschheit noch nicht verantwortungsbewusst genug ist, um mit einer derartigen Macht umgehen zu können. Doch die Bildung, das Wissen und der Fortschritt, die durch solche Experimente entstehen, können nicht aufgehalten werden. Es ist einfach nicht möglich. Vielmehr sollte die Macht, die dadurch erreicht wird, von einem größeren Verantwortungsbewusstsein begleitet werden.

Und dieses Verantwortungsgefühl wächst. Er wächst in eure Gesellschaftsseele hinein, die wiederum dafür sorgt, dass die Umstände so zusammenwirken, dass euch das Verantwortungsgefühl langsam eingeträufelt wird. Bestimmt kennst auch du Menschen, die auf der Universität zu viel getrunken und geraucht, Drogen genommen und die Nächte durchgemacht haben. Und jetzt? Jetzt ernähren sich die meisten von ihnen anständig, trinken in Maßen und gehen um zehn ins Bett, damit sie frühmorgens aufstehen können. Es ist eine Frage des Verständnisses für den Traum, den ihr träumt. Es geht darum, im eigenen Körper zu Hause zu sein und Verantwortung zu übernehmen für die Schwingung, die ihr mit euren Gedanken erzeugt.

Fühlt eine Person sich nicht verantwortlich für die Schwingung, die sie mit ihren Gedanken erzeugt, was geschieht dann deiner Meinung nach? Sie erhält weitere Lektionen.

Ein anderes Beispiel für diesen Prozess, und dies trifft einen besonders empfindlichen Nerv, ist das Grauen des Holocausts. Hitler und das Dritte Reich haben eine tiefe Verletzlichkeit im Gruppenverstand und der gesellschaftlichen Evolution bloßgelegt. Seine Terrorherrschaft fiel zusammen mit dem Aufkommen von Fernsehen und der Atombombe, zwei der bedeutendsten wissenschaftlichen Durchbrüche im 20. Jahrhundert. Seine Geschichte ist ein warnendes Beispiel, die bis heute im gesellschaftlichen Bewusstsein widerhallt. *Niemals wieder,* lautet die Botschaft. Diese Botschaft ist ein Geschenk.

Wenn du einen Schritt weit von diesem Grauen zurücktrittst, von all jenen, deren Leben geopfert wurden, wenn du zurücktrittst und dir jede einzelne dieser Seelen (auch Hitler selbst) ansiehst und dir in Erinnerung rufst, dass auch sie den Lehrplan ihrer Seele erfüllen, dass ihre Seelen weiterleben, dann wirst du auch durch diese Schicksale daran erinnert, dass sie alle einen Traum geträumt haben. Sie haben ihn im Namen des Gruppenverstandes geträumt.

Die aufwühlende Lektion des Holocausts hallt in diesem Traum wider, und sie wird noch in vielen, vielen zukünftigen Träumen widerhallen. Diese wertvollen Lektionen dienen dem Lernprozess und der kulturellen Evolution.

Ich muss zugeben, dass ich mit dieser letzten Lektion ein echte Problem hatte. Ich habe zu viele liebenswerte, freundliche, liebevolle und wunderbare Menschen scheinbar unerklärliche Tragödien und Traumata durchleiden sehen, um einfach so behaupten zu können: »Na ja, das war eben ihr Seelenlehrplan.« Als ich diese Lektion erhielt, beschloss ich deshalb, mich im Rahmen meiner Meditationen eingehender mit ihr zu beschäftigen. Zunächst sah ich mir die Geschichte einer lieben Freundin an, die im Alter von nur 29 Jahren an Brustkrebs gestorben war. Sie war Grundschullehrerin, wurde von ihren Schülern, ihrer Familie und ihren Freunden gleichermaßen geliebt. Als sie erkrankte, hörte ich die verschiedensten Erklärungsansätze. Ein Medium erklärte ihr, dass sie im Holocaust gestorben und reinkarniert worden sei und dass die Körperregion, in der sich die Krankheit manifestiert hatte, die Stelle sei, an der sie in Auschwitz tödliche Verletzungen erlitten habe. Wie bitte? Also war sie zurückgekommen, um erneut zu leiden?

In meiner Meditation sah ich mir das Ende ihres Lebens genauer an. Ein Mann verliebte sich in sie. Er wusste, dass sie krank war, aber sie zogen zusammen, und er liebte, bewun-

derte und umsorgte sie bis zu ihrem letzten Tag. Obwohl sie krank war, war sie sehr glücklich. Ich sah mir diese Umstände an, und ich warf einen genauen Blick auf die Menschen, deren Leben sie beeinflusst hatte, auf die Heilung, die ihre Familie durchlebt hatte, und den Einfluss, den sie selbst in ihrer Krankheit noch auf andere gehabt hatte. Und da begann ich, die Muster zu erkennen, die sich herausschälten – Muster des Fortschritts und neugewonnener Weisheit.

Ein weiterer Freund, ein großartiger Tänzer, großzügig, freundlich und liebenswert, starb bei einem tragischen Zugunglück. Worin lag der Wert dieses Ereignisses? Was hatte seine Seele vorgehabt? Ist es nicht doch möglich, dass das Universum ein willkürlicher, chaotischer Ort ist, an dem Akte der Gewalt und der Liebe gleichermaßen stattfinden und an dem alle mit derselben Gleichgültigkeit behandelt werden?

Wieder sah ich mir im Rahmen meiner Meditation Leben und Tod meines Freundes an und bat darum, sehen zu dürfen, was seine Seele durch eine derartige Erfahrung erreicht haben könnte. Auch sein Leben sah ich aus einer übergeordneten Perspektive. Ich sah die Energie, die er in seinem Leben freigesetzt hatte, und die Energie, die in den Nachwehen seines Todes freigesetzt worden war. Beziehungen hatten begonnen, Beziehungen waren bereinigt und inspiriert worden. Allein durch seinen Tod waren Bewegungen entstanden. Diese Elemente waren beobachtbar. Aber in meinen Meditationen wurden mir auch Dinge gezeigt, die ich nicht verifizieren konnte – Dinge, die mit der Beziehung meines Freundes zu Seelen zu tun hatten, die nicht in Körpern zu Hause sind. Seelen, mit denen er Übereinkünfte und Verabredungen getroffen hatte, nachdem sein menschliches Leben vorbei war.

*Ich durchschritt diesen Prozess weiter. Noch immer stoße
ich auf Erfahrungen im Leben anderer Menschen, für die es
scheinbar keine Erklärung gibt und die mir ungerecht vorkommen – bis ich weit genug von Schmerz und Schrecken
zurücktrete, um die Energielinien erkennen zu können, die aus
diesen Erfahrungen resultieren. Dann fange ich langsam an,
eine Form von Organisiertheit zu erkennen, einen Rhythmus,
ein Muster. Und von dort aus erkenne ich den durch diese
Erlebnisse entstandenen Wert: die gewonnene Weisheit und
den Fortschritt.*

Es gibt Träume in Träumen.

– Solano –

In dem Traum, der dein Leben ist und der im allumfassenden Kontext des Menschheitstraums existiert, kannst du emotionales Gleichgewicht erlangen, indem du dich vollständig mit der Weisheit deiner Seele identifizierst.

Deine DNS – das Traummaterial, das durch den Verlauf deiner Gedanken und vom Gruppenverstand beeinflusst wird – wurde in Beziehung zum Gruppenverstand erzeugt, konstruiert und weiterentwickelt. Deine Gene haben dir diesen Körper zur Verfügung gestellt, der von Geburt an über eine bestimmte Resonanz verfügt hat. Diese Resonanz war eine Kombination deiner Gene und des spezifischen Abdrucks deiner Seele auf

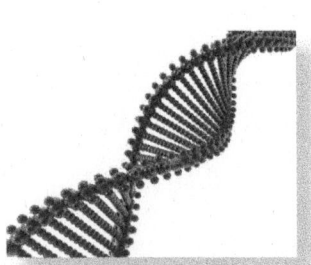

den Körper, den du konstruiert hast. Während dein Körper in der Matrix deiner Familie, deiner Gemeinschaft und Nation, also deiner ganzen Welt, gewachsen ist, wurden bestimmte emotionale Muster verstärkt.

Während du dich den Herausforderungen des Lebens gestellt hast, hast du dir von dir selbst Wachstum gewünscht. Du bist physisch gewachsen, manchmal in Bezug auf deine Beziehungen, manchmal in emotionaler Hinsicht. In jedem Fall bist du gewachsen und hast dich bewegt. Und diese Bewegungen verraten dir, welche deiner emotionalen Muster auf dem Körper beruhen und welche auf dem von außen beeinflussten Ich.

Wenn du Emotionen identifizierst, triffst du auf genau jene Umstände, die am schwersten zu verändern sind. In diesem Augenblick beginnst du, auf die Grenzen zu stoßen, die – wie eine Art Mauer – vom Gruppenverstand, also auch von dir, errichtet worden sind. Diese Grenzen werden durch Angst, Wut, Zweifel, Unsicherheit und das Gefühl charakterisiert, dass du um alles Gute, das du in deinem Leben hervorbringst, kämpfen musst.

Definiert werden diese Grenzen, die es zu durchbrechen gilt, durch Konkurrenz und Aggression. Sie werden durch die Überzeugung charakterisiert, dass du ein von einem Körper umhülltes menschliches Wesen bist, das sich *vor allen Dingen um sich selbst* und an zweiter Stelle um seinen Stamm oder seine Gemeinschaft kümmern muss. Doch diese emotionalen Muster sind kontraproduktiv für die Verwandlung. Wenn du im Prozess deiner Verwandlung der Neigung widerstehst, Aggressionen und Konkurrenzverhalten an den Tag zu legen, hast du auf deinem Weg zum inneren Gleichgewicht bereits die halbe Strecke geschafft. Die andere Hälfte der Strecke bestreitest du, indem du lernst, wie du dich tief in die Werte der Seele fallen lassen kannst, um die Realität zu erzeugen, nach der es dich verlangt.

Wenn du ganz und gar zu dem wirst, der du bist,
wenn du vollkommen deine Seele bewohnst,
wird deine Seele für dich Gelegenheiten
zu mühelosem freudigen und
schöpferischen Austausch
herbeiführen.

– Solano –

Denke noch einmal zurück an das Experiment mit dem Magneten unter dem Blatt Papier, auf dem Metallspäne verteilt sind.
Die Späne formen sich zu einem Muster, das das unsichtbare
elektromagnetische Feld des Magneten preisgibt. Dieses Experiment illustriert bestens, was es bedeutet, als Seelen in einem
anpassungsfähigen Medium zu Hause zu sein.

Deinen Traum kannst du meistern, indem du ganz und gar zu
dem wirst, was du bist. Du solltest nicht versuchen, dich von
dem Magneten zu entfernen und die Metallspäne dazu zu bewegen, sich einem besonderen, von dir gewählten Muster anzupassen. Denn es ist viel effektiver, der Magnet zu *sein*. Was
auf der zweidimensionalen Oberfläche über dem Magneten
geschieht, geschieht ebenso in all den Dimensionen, die den
Magneten umgeben.

Wenn du versuchst, jemanden dazu zu bewegen, sich deinen
Wünschen entsprechend zu verhalten, entspricht das dem
Versuch des Magneten, sich aus sich selbst herauszulösen, um
die Metallspäne anzuordnen. Du solltest tief im Seelenselbst
zu Hause sein, an dem Ort, von dem aus alle Erfahrungen, die
dich umgeben, organisiert und gesteuert werden. Lass dich

an diesen Ort hinabsinken und lass zu, dass deine Seele dich
mit allem, was nötig ist, versorgt. Lass zu, dass sie alles zu dir
bringt.

Wenn du Zweifel darüber empfindest, ob du über das Wissen
oder die Ausdauer oder die Persönlichkeit verfügst, um dich
auf den Traum einzulassen, der sich bereits um dich herum
manifestiert hat, dann verlässt du ihn einfach. Verlasse das
Schlachtfeld. Höre einfach auf, es zu nutzen. Versuche nicht,
dein von außen beeinflusstes Ich zu überzeugen. Versuche
nicht, deine Persönlichkeit zu überzeugen. Tritt heraus aus all
dem und lasse dich in die Quelle des Magnetismus fallen. Auf
diese Weise kannst du deine Intuition und dein Wissen voranbringen und nutzen.

Wenn du in eine neue Situation mit neuen Menschen eintrittst,
weißt du auf einer bestimmten Ebene genau, was in dieser
Szenerie vor sich geht. Es gibt aber auch eine Ebene, auf der
du nicht über dieses Wissen verfügst. Du willst dich auf die
Ebene begeben, auf der du weißt, was vor sich geht – also auf
die Seelenebene. Auf der Seelenebene bist du frei vom Tosen
all der verschiedenen Zielsetzungen der Menschen, die an der
Situation teilhaben. Du bist losgelöst von ihren von außen beeinflussten Ichs und ihren Persönlichkeiten, von all den Werk-
zeugen, mit denen sie ihre Träume manipulieren oder zu etwas
zwingen wollen.

Es ist sehr wichtig, dass du diesen Punkt ganz und gar verstehst.
Denn dieser Aspekt ist höchst bedeutsam, nicht nur für dein
eigenes individuelles Leben und das, was du zu erreichen versuchst, sondern auch für das, was hier auf der Erde möglich ist.

Wenn du dich in erster Linie mit deiner Seele
identifizierst, wirst du zu einem Teil der
Kraft, die die gesellschaftliche
Evolution antreibt.

– Solano –

Indem du in erster Linie als Seele lebst, fängst du an, Einfluss auf kulturelle Veränderungen zu nehmen. Du siehst, was deine Seele sieht. Du beginnst, den Gruppenverstand zu beeinflussen, indem du beseelt lebst – also die Werte deiner Seele lebst – und dich bewusst von den Werten deiner Seele leiten lässt. Deine Seele verspürt den Wunsch, dass dies auch der Gruppentraum erkennt und ebenfalls nach den Werten der Seele lebt.

Beseeltheit erwächst aus einem Leben als Wissender, als einer, der Intuition besitzt und sie auch zu schätzen weiß. Wenn du auf diese Weise lebst, entfernst du dich nicht einfach von einem eigenartigen Gespräch mit jemand anderem, weil du es für nutzlose Zeitverschwendung hältst. Derartige Reaktionen sind auf das von außen beeinflusste Ich zurückzuführen. Stattdessen lässt du dich tief in die Beseeltheit deines Seins fallen und bist dir dabei stets bewusst, dass du in jedem Augenblick Gottes Evolution beeinflusst. Diese Weisheit hat das von außen beeinflusste Ich nicht. Die Seele schon.

Wenn du dich in deinem beseelten, intuitiven Selbst niederlässt, hebst du die Messlatte für dein Verhalten im Austausch mit anderen an. Du schenkst dir selbst nützliche Werkzeuge, um bei jedem Austausch, sei er nun intim oder sozial, im Gleichgewicht zu bleiben.

Der Bewusstseinszustand, in dem du dich befindest, dein Lichtfeld – also das, was du bist –, hat den größten Einfluss auf den Gruppentraum – nicht das, was du sagst oder tust. Auch wenn du kein einziges Wort von dir gibst, kannst du in einem Raum voller Menschen durch dein Lichtfeld die Hauptschwingung in diesem Raum beeinflussen, indem du präsent und ganz und gar bei deiner Seele bist. In einer Unterhaltung oder beim Zusammensein mit deiner Familie kannst du die Basis des gegenseitigen Austauschs deutlicher erkennen und entsprechend mit offenem Herzen agieren, wenn du dich mit deiner Seele und ihren Werten identifizierst. Diese Offenheit verschiebt die Schwingung des Austauschs. So wie die Meere Tropfen für Tropfen entstanden, so trägt jeder gegenseitige Austausch zum erweiterten menschlichen Bewusstsein bei.

Ein bewusstes Individuum wird durch seine Seele
zum Handeln (oder Nicht-Handeln) inspiriert.

– Solano –

Manche Menschen verstehen den Gedanken, ein Leben im Zustand der Beseeltheit zu führen, als eine Art Aufforderung zur Passivität. Am einfachsten lässt sich der Zustand der Beseeltheit verstehen, wenn man bedenkt, dass er wie eine Naturgewalt agiert: Es gibt Zeiten, in denen man wie ein Wirbelwind herumfegen sollte, und es gibt Zeiten, in denen man behutsam vorgehen sollte.

Wenn du mit einer herausfordernden Situation konfrontiert bist, in der du nicht weißt, wie du dich verhalten sollst, lass dich tief in deiner Seele nieder. Wenn dir danach ist, abzuwarten anstatt zu handeln, dann ist es auch angemessen, noch zu warten. Wenn du bei derselben Gelegenheit tief in deine Seele hinabgleitest und den Drang verspürst, zu sprechen oder zu handeln, dann ist es richtig, *diesem* Impuls zu folgen.

Nur wenn eine Reaktion der reinen Gewohnheit entspringt, durch Angst ausgelöst wurde oder einzig durch das von außen beeinflusste Ich angetrieben wird – also das Ergebnis des Wunsches nach einer bestimmten erlernten Reaktion ist –, handelst du ohne Weisheit und gerätst ins Stolpern. Der Unterschied zwischen dem Zustand des in der Seele verwurzelten

Seins und einer Befindlichkeit im von außen beeinflussten
Ich wird bestimmt von der Qualität der Informationen, die
du erhältst. Die der Seele entspringende Motivation hat eine
Tiefenresonanz, während die Anregungen des von außen beeinflussten Ichs eine sprödere, steifere Resonanz aufweisen.
Die Resonanz des von außen beeinflussten Ichs wird mit dem
zusammengezogenen Herzen assoziiert.

Wenn du in Reaktion auf das von außen beeinflusste Ich handelst, wirst du ins Stolpern geraten und folglich Unwohlsein
und Chaos erleben. Unsere Seele sorgt damit dafür, dass wir
durch derartige Irrtümer lernen. Denn die Seele weiß, dass du,
um weise zu werden, dazu in der Lage sein musst, den Unterschied zwischen diesen beiden Impulsen zu erkennen.

Die Seele wird um jeden Preis all jene Lektionen
manifestieren, die erforderlich sind, damit du
lernst, dass die einzig tragbare Seinsweise
darin besteht, dich tief in der
Seele zu verankern.

– Solano –

Deine Seele ist dein Lehrer. Alles, was dir widerfährt – jedes einzelne Ereignis in deinem Leben – beruht auf dem Wirken deiner Seele, die den Traum lenkt, so dass du deine Schwingungsfrequenz anheben kannst. Wenn dein elektromagnetisches Feld auf einer höheren Schwingung zu vibrieren beginnt, beginnen sich die Erfahrungen, die du zu machen wünschst, und dein Traum sich anzupassen.

Natürlich würde ein jeder gern die Erfahrung machen, sein Leben auf diesem Planeten in vollkommenem Glück zu verbringen. Doch was auch immer deine Seele davon abhält, diese reine Glückserfahrung für dich zu realisieren, wird wieder und wieder auftreten. Erhalte dir an vorderster Front deines Bewusstseins das Begreifen, dass diese Realität ein Traum ist, dass der Traum formbar ist und dass alles, was du erlebst, von deiner Seele so bestimmt wurde, damit du wachsen kannst.

Wenn du dir deine Erinnerungen, die letztlich einfach nur Bewusstseinszustände sind, durch den Kopf gehen lässt und dabei (im Gegensatz zu deiner linearen Erinnerung) jedes wichtige Ereignis in deinem Leben – jeden Verlust, jeden Betrug, Sieg, Todesfall, jede Krankheit – als die manifestierte Realität

deiner Seele identifizierst, dann wirst du eine Perspektivver-
schiebung durchleben. Diese Verschiebung wird eine neue
Geschichte für dich erzeugen. Deine Sicht auf dein Leben wird
sich verändern. Du wirst nicht mehr einfach durch den Tag
schlafwandeln und dich dabei wie ein Opfer fühlen oder Angst
empfinden. Derartige Einstellungen verlieren in deiner neuen
Sichtweise ihre Existenzberechtigung. Sie werden den Weg
freimachen für das Verständnis, *dass deine Seele dein Leben
mit einem Lehrplan träumt*. Der Lehrplan wurde erzeugt, um
dich in einen Bewusstseinszustand zu versetzen, in dem sich
das Lebensgefühl, das du anstrebst, und die Traumlandschaft,
die sich um dein elektromagnetisches Feld herum organisiert
hat, aneinander anpassen.

Du hast die Seelen geträumt, die dein Leben bevölkern. Sie
träumen dich, du träumst sie. Du wirst von deinem Leben angetrieben. Seine Triebkraft ist immer gleich, ob es nun ein Leben voller Freude, Überfluss und Leichtigkeit ist oder ein Leben
voller Schrecken, Missbrauch und Angst.

Jedes Ereignis in deinem Leben, ja tatsächlich
deine gesamte Existenz, dient nur
deiner Unterhaltung.

– *Solano* –

Wenn etwas seinen Unterhaltungswert für dich verliert, kann es nicht länger in deinem Leben bleiben. Punktum. Es gibt keine Ausnahmen.

Um in deinem Traum wach bleiben zu können, musst du dich einfach nur an das Prinzip erinnern, dass alles zu deiner Unterhaltung geschieht. Die Erkenntnis dieses Prinzips bewegt dich dazu, dich an deinen Lehrplan zu erinnern, was wiederum die Erinnerung daran anregt, dass alles, was sich manifestiert, symbolisch ist.

Deine Manifestationen symbolisieren den Ton und die Qualität deines Magnetfelds. Dein magnetisches Feld ist symbolisch für dein Bewusstsein. Dein Bewusstsein ist eine Mischung aus deiner Seele, deinem von außen beeinflussten Ich, deiner Persönlichkeit und deinen Genen, die alle miteinander interagieren. Das von außen beeinflusste Ich, die Persönlichkeit und deine Gene sind nicht von Dauer; auch sie sind in deinem Traum nur Symbole. Aber die Seele triumphiert immer. Immer. Denn sie ist ewig.

Wunsch und Erfüllung sind die zwei Seiten
ein und derselben Münze.

– *Solano* –

Viele Menschen haben Schwierigkeiten damit, das Begehren der Seele und das Begehren des von außen beeinflussten Ichs auseinanderzuhalten. Diese Verwirrung zeigt sich am deutlichsten, wenn du herauszufinden versuchst, was du berechtigterweise von einer anderen Person erwarten kannst. Dein Wille kann sich nicht auf andere beziehen, denn auch sie träumen ihren eigenen Traum, der diese Erfahrung hervorgerufen hat. Lass uns näher auf dieses Problem eingehen.

Wenn du durch dein von außen beeinflusstes Ich zu einem Austausch mit einer anderen Person aufgerufen wirst, die diesen Austausch als Übergriff erlebt, und die Emotionen des anderen wiederum auf dich zurückgeworfen werden, dann hat deine Seele diese Erfahrung manifestiert, damit du wachsen kannst. Deine Seele möchte, dass du verstehst, was dich zu diesem Austausch bewegt hat, die einem anderen Menschen das Gefühl gibt, seine Grenzen wären überschritten worden.

Die Fragen, die du dir stellen solltest, lauten: Welche inneren Einstellungen haben dich zu diesem Verhalten verleitet? Welchen Wert, welchen Nutzen hat es für dich, dass du Scham, Schuld oder Unwürdigkeit darüber fühlst? Welcher deiner

Blickwinkel muss sich verändern, damit du das Gefühl des Mangels heilen kannst? Was musst du erkennen, damit du aufhörst, deinen Willen, dein von außen beeinflusstes Ich und deine Persönlichkeit zu benutzen, um etwas zu erzwingen?

Deine Seele fordert dich auf zu untersuchen, wie dein von außen beeinflusstes Ich den Traum sieht, der sich als dein Leben manifestierst. Wenn die Perspektive deines von außen beeinflussten Ichs darin besteht, dass ein Mangel herrscht, und du jemand anders davon überzeugen musst, dass er etwas für dich tut, dann ist dein Leben vermutlich ein ständiger Kampf. Dies ist nicht die Perspektive der Seele.

Das erinnert mich an eine Frau, die regelmäßig zu mir kam, um an ihrer Eifersucht zu arbeiten. Ihr Ehemann war attraktiv und talentiert und ein großer Freigeist. Er liebte es, mit seiner Sexualität zu spielen, und zwar auf sehr provokative Weise. Er dachte sich nichts dabei, sich bis an die Grenze einer Affäre zu wagen. Doch sein Monogamie-Versprechen hielt er immer.

Dieses Verhalten war der Frau sehr fremd. Sie empfand es als bedrohlich. Doch ihr Ehemann hatte nicht das Gefühl, in irgendeiner Weise gegen die Integrität ihrer Beziehung zu verstoßen, und verstand nicht, warum sich die Frau durch sein Verhalten respektlos behandelt und erniedrigt fühlte. Der Ehemann hatte den Eindruck, dass sie sich irrational verhielt, wenn sie wegen seines Verhaltens wütend wurde. Er hatte das Gefühl, dass ihre Reaktionen seine Möglichkeit zum freien Ausdruck beschnitt.

Die beiden liebten einander sehr, kamen jedoch immer mehr zu der Überzeugung, dass es keinen Weg gäbe, ihre Diffe-renzen aus der Welt zu schaffen. Aber letzten Endes begriffen sie, dass beide Formen des Ausdrucks – die Eifersucht und der Wunsch des Ehemannes, andere zu verführen – aus einem

Gefühl des Mangels erwuchsen. Ihre Seelen manifestierten diese aufwühlenden Situationen wiederholt, um ihre Aufmerksamkeit auf einen Ort authentischer, zentrierter und geerdeter Kraft zu lenken.

Als dieses Bewusstsein Teil ihres Dialogs wurde, begannen innerhalb der existierenden Dynamik gegenseitige Fürsorge und gegenseitiger Respekt zu wachsen, was es den beiden ermöglichte, selbst dann, wenn sie sich mit schwierigen Situationen konfrontiert sahen, ihre Verbindung zu ihrer Mitte aufrecht zu erhalten. Diese Erkenntnis ermöglichte es ihnen, sich von ihrem jeweiligen Bedürfnis nach einer anderen Person als Mittel gegen ihr Mangelgefühl – auf ihrer Seite das Bedürfnis nach dem Ehemann, auf seiner Seite das Bedürfnis nach anderen – zu distanzieren.

Nun stelle dir bitte einmal vor, dass der Traum, in dem du lebst, wie eine tiefe Schlucht ist. Du gehst zum Rand dieser Schlucht und schreist: »ICH BEGEHRE!« Was für ein Echo wird deiner Meinung nach zurückschallen? Du wirst hören: »ICH BEGEH-RE!« Wenn du ununterbrochen durch dein Leben spazierst und zu dir selber sagst: »Ich brauche, ich will, ich wünschte, ich hätte«, wird der Ton dieser mantra-artigen Gedanken wie ein Echo in dein Leben zurückgeworfen. Und wenn du dich so be-nimmst, als spürtest du einen Mangel, dann wird auch dieser Mangel auf dein Leben zurückgeworfen.

Derartige Bekräftigungen stehen im Gegensatz zur Verbunden-heit mit deiner Seele. Diese würde dem Ruf entsprechen: »ICH BIN ERFÜLLT!« Die Seele kennt den Zustand der Erfülltheit und ist dazu in der Lage, ihn dir zu ermöglichen.

Lass uns den Gedanken noch etwas erweitern. Wenn du fest-stellst, dass du die Zustimmung eines anderen Individuums oder einer Gruppe brauchst, um ein Begehren zu erfüllen, hast du viele verschiedene Möglichkeiten, dich dieser Zustimmung zu versichern. Am *wenigsten* effektiv ist es, das von außen beeinflusste Ich einzusetzen und verkrampft danach zu stre-ben, die Zustimmung anderer von außen beeinflusster Ichs und Persönlichkeiten zu erhalten. Am *effektivsten* ist es, dich tief in deine Seele hinabsinken zu lassen, anzuerkennen, an welchem Punkt deines Lehrplans du dich gerade befindest, und diesen Zustand voll und ganz anzunehmen. Dann kannst du einen Bewusstseinszustand erzeugen, in dem du dich durch dein Begehren erfüllt anstatt erniedrigt fühlst.

Sagen wir, du lebst nicht in einer Beziehung, hättest aber ger-ne eine. Das von außen beeinflusste Ich sagt, dass etwas fehlt, was du dir wünschst. Aus diesem Mangel und der Art und Weise, wie du kulturell indoktriniert wurdest, entsteht in dir der Wunsch nach einer Beziehung. Du verzehrst dich danach, du willst sie, du brauchst sie. Ununterbrochen fragst du dich: »Wo ist sie nur?« Wieder und wieder schreist du in die Schlucht hinein: »ICH BEGEHRE!«, und zurück schallt es: »ICH BEGEHRE!« Was zu dir zurückkommt, ist Begehren, Begehren und noch mehr Begehren.

Anstatt auf das zu reagieren, was du als Mangel wahrnimmst, solltest du dich tief in deine Seele fallen lassen, um dort die Beziehung zu suchen, die du begehrst. Wenn du ganz und gar in deiner Seele zu Hause bist, erkennst du deutlich, inwieweit du schon erfüllte Beziehungen in deinem Leben gehabt hast. Lasse all jene Augenblicke Revue passieren, in denen du Bewusstseinszustände durchlebtest, in denen du dieses Begehren erfüllt hast. Wenn du keinen hattest, dann nutze deine Fantasie. Als Erstes erkennst du natürlich, dass Gott, das Universum, der Gott, der du bist, ALLES ist, was du begehrst. Du sehnst dich nur nach einer Beziehung, weil du dich danach sehnst, dich selbst als Gott kennenzulernen. Du sehnst dich nur nach Geld, nach Schönheit, nach Freiheit, weil du dich selbst als Gott kennenlernen willst. Und das bist du bereits. Du bist bereits Gott.

Erkenne, dass jegliche Form von Erfülltheit in
diesem Augenblick in dir vorhanden ist.

– Solano –

Du zerrst an dem dehnbaren, biegsamen Stoff dieses Traums.
Du wünschst dir, dass die Dinge zu dir kommen, dass sie sich
von selbst um dich herum anordnen, weil du dich durch solche
Handlungen vor dir selbst offenbarst.

Nimm die Abkürzung. Erzeuge das Gefühl von Erfülltheit, von
Reichtum, von Liebe zu dir selbst. Nimm dich selbst voll und
ganz an, verleihe dir selbst die Anerkennung, nach der du dich
sehnst. Dann nimm dieses Gefühl, auch wenn es anfangs vielleicht nur ein Hauch ist, und schreie in die Schlucht hinab: »Ich
fühle einen Hauch von Erfülltheit in mir!« Und es wird zu dir
zurückschallen: »Ich fühle einen Hauch von Erfülltheit in mir!«
Das ist doch schon mal ein Anfang. Auf diesem Hauch kannst
du etwas aufbauen und – wenn es stabiler und größer geworden ist – auch dieses Größere dann wieder in die Schlucht
hineinschreien.

Das Jetzt ist das Einzige, was existiert.
Im Jetzt gibt es nur Erfülltheit.

– *Solano* –

Hier und jetzt, in diesem Augenblick, bist du absolut und voll-kommen erfüllt. Es ist bereits geschehen. Und es wird immer so sein. Denn alles, was ist, ist Gott, und dieser Gott bist du. Dieser Traum dient deiner Unterhaltung, und jenseits dieses Traums befinden sich unendliche andere Realitäten. Aber all das findet im Hier und Jetzt statt. Wenn du dich ganz in dein Sein fallen lässt und dich selbst als fest in der Gegenwart ver-wurzelt erlebst, nimmst du dich selbst vollständig als Seele an.

Die Beziehung zwischen der Gegenwart und dem, was sich im nächsten Augenblick manifestiert, sieht folgendermaßen aus: Die Schwingung, die du in der Gegenwart erzeugst, gestaltet das dich umgebende Feld – die einzigartige und besondere Manifestation Gottes, die du bist – neu. Diese Umgestaltung ermöglicht das Erscheinen eines neuen Traums. Je mehr du Zukunft und Vergangenheit als Konstrukte des von außen beeinflussten Ichs und der Persönlichkeit verstehst, desto um-fassender kannst du im aktuellen Augenblick aufgehen. Und desto mehr kannst du deinen Zugang zur Erfülltheit spüren. Die Erfülltheit ist immer vorhanden.

Durch Präsenz im aktuellen Augenblick kannst du
dich der großzügigen und umfassenden
Unterstützung der Seele versichern.

– Solano –

Wenn du im Hier und Jetzt präsent bist, erfährst du die Unterstützung der Seele. Diese Unterstützung bringt dich einem Zustand näher, in dem du dein Wissen um dich selbst als Gott und als ein erfülltes Geschöpf in seiner Gänze erfahren kannst.

Doch was ist mit dem Tod, dem bei weitem ernstesten Aspekt dieses Traums? Die meisten Menschen fürchten ihn. Wenn sie über den Tod nachdenken, verfallen sie in panische Sorge darum, wie ihre Todeserfahrung aussehen könnte. Nichts löst die Menschen stärker aus dem Hier und Jetzt heraus als die Angst vor dem Tod. Sie fragen sich, ob sie einen schmerzhaften Tod sterben werden, ob sie nach ihrem Tod noch über ein kohärentes Bewusstsein verfügen werden. Sie fragen sich, wie es auf der anderen Seite wohl sein wird. Werden sie sich allein fühlen oder verängstigt oder werden sie sich in den Händen Gottes wiederfinden?

Ich kann dich nur erneut daran erinnern: Nichts von alledem ist real. Die Geburt ist nicht real. Du schreitest von einem Bewusstseinszustand zum nächsten und erzeugst dabei eine Kontinuität, die diese Bewusstseinszustände miteinander verbindet.

Mit dem Wissen, dass Leben und Tod Illusionen sind, erreichst du die Fähigkeit, dich selbst wieder ins Hier und Jetzt zurückzuversetzen, sobald die Angst einsetzt. Wenn du dich selbst zurück in die Gegenwart bringst, erhältst du Zugang zu der tiefen, beständigen Ewigkeit, die deine Seele ist. Wenn du dich in einem Zustand der Spekulation über das, was werden könnte, befindest, oder wenn du bedauerst, was einmal war, hast du die innere Mitte deiner Kreativität verlassen. Lasse deine Gedanken zu deiner inneren Mitte zurückkehren, zu deinem Hier und Jetzt. Dann wirst du das Gleichgewicht erreichen, das du brauchst, um in einen neuen Bewusstseinszustand einzutreten.

Dein Gebet ist die Signatur deines Lichtfelds.

– *Solano* –

Dein Leben – die Art, auf die du es führst, und dein Blickwinkel auf die Realität – ist wie ein wandelndes Gebet. Du betest ununterbrochen. Was du in deinem Traum erschaffst, ist ein direktes Ergebnis deines Gebets. Es ist sehr wichtig, dass du verstehst, wofür du betest. Wenn du es schaffst, dich im Rhythmus mit deinem Gebet zu bewegen, es anzuheben und deine Wünsche präziser zu artikulieren, dann wird sich dein Traum umgehend verändern.

Auch hier greift wieder das Bild mit dem Echo. Wenn du dein Gebet in die Schlucht hinabrufst, und es lautet: »Ich wünsche mir Erfüllung!«, dann wird »Ich wünsche mir Erfüllung!« zurückschallen. Stehst du aber dort oben und rufst: »Ich habe Angst davor, zu verarmen«, wird dieser Satz zurückschallen. Deine Angst und deine Wünsche werden auf dich zurückgeworfen. Du kannst wünschen und wünschen und wünschen, und alles, was zu dir zurückkommt, sind Wünsche. Also musst du dein Gebet weiterentwickeln.

Dies kannst du folgendermaßen bewirken: Stell dir den sprichwörtlichen Kieselstein im Teich vor. Du bist der Kieselstein, und die Wellen, die du beim Aufprall auf die Wasseroberfläche

schlägst, sind die Ergebnisse deines Tons – es sind deine un-
unterbrochenen Gebete, die zu dir zurückkehren. Doch was
hier vor sich geht, ist sogar noch unmittelbarer, als das Beispiel
vermuten lässt. Denn im selben Moment, in dem du einen Bewusstseinszustand annimmst – ob es nun das Wissen um deinen Reichtum oder Angst ist –, beantwortet der Traum, in dem
du lebst, auch schon deine Gebete.

Dein Traum ist ein formbares Medium. Wenn du ihm einen
Stoß versetzt, wirft er einen Ertrag ab – denn er ist flexibel.
Dein Leben ist nichts Feststehendes. Es ist anpassungsfähig.
Ganz gleich, wie viele Veränderungen du bereits erlebt hast, du
bist noch nicht am Ziel angekommen. Deshalb solltest du wil-
lens sein, dich wieder zu verändern. Die notwendige Veränderung besteht darin, einen Bewusstseinszustand anzunehmen,
in dem du in die Schlucht hineinrufen kannst: »Überfluss!«,
woraufhin das Wort »Überfluss!« zurückschallt. Du rufst: »Liebe!«, und »Liebe!« kommt zurück. Du rufst »Erfüllung!«, und
»Erfüllung!« kommt zurück. So ist es in diesem Traum.

Deine Aufgabe besteht darin, in deinen Meditationen, in deinen Konversationen und in Augenblicken tiefer Nachdenklichkeit ein Verständnis dafür zu entwickeln, was dein lebendiges, atmendes Gebet ist. Wenn du mit deinem Gebet nicht einverstanden bist, kannst du es verändern.

Effektives Beten besteht in dem Akt, eins mit dem
Bewusstseinszustand zu werden, in dem
du zu Hause sein möchtest, und
dich fest und unerschütterlich
in ihm zu verankern.

– *Solano* –

Eine Zeit lang arbeitete ich mit einer Frau, die verschiedene akademische Titel trug. Sie war eine bekannte Geigerin, die schon auf der ganzen Welt aufgetreten war und mehrere Alben aufgenommen hatte. Und doch war sie unzufrieden mit ihrem Leben. Aufgrund verschiedener Entscheidungen, die sie getroffen hatte, lebte sie vor allem vom Unterrichten und hatte sich in einer Stadt niedergelassen, die nicht gerade für ihre rege Musikszene bekannt war.

Während unserer gemeinsamen Arbeit, bei der wir auch ihr wandelndes Gebet untersuchten, fand sie schließlich heraus, in welchem Bewusstseinszustand sie sich befinden wollte – einem Zustand vibrierender Kreativität voller Überfluss und Chancen. Sie hörte auf, Geige zu spielen, und widmete ihre gesamte Aufmerksamkeit dem Bereich Kunst und Design. Es dauerte nicht lange, und sie produzierte ein großartiges Gemälde nach dem anderen. Aus dieser Entscheidung entwickelte sich eine erfolgreiche Karriere als Innenarchitektin mit Projekten an Orten wie Kalifornien, New York, London und Dubai. Es war wirklich verblüffend, wie schnell sich ihr Traum änderte, nachdem sie ihn erst einmal untersucht und ihr wandelndes Gebet verstanden hatte.

Aber das war noch nicht das Ende ihrer Verwandlung. Nach einigen Jahren, sie lebte mittlerweile in London, hatte sie wieder das Verlangen, Geige zu spielen. Sie wendete ihre Aufmerksamkeit mit erneuerter Inspiration dem Instrument zu. In der dortigen Musikszene wurde sie mit offenen Armen willkommen geheißen, und innerhalb weniger Monate stand sie auf der Vorschlagsliste für die Royal Albert Hall.

Ihr Leben veranschaulicht, wie flexibel das Traummaterial ist und wie man es verwandeln kann, wenn man sein wandelndes Gebet versteht.

Viel zu oft befinden sich Menschen in einem Bewusstseinszustand, den sie schon so lange einnehmen, dass sie völlig vergessen, dass sie auch einen anderen annehmen könnten. Angst ist der vorherrschende Ton in eurer Kultur. Und trotzdem – ihr erinnert euch – wirkt alles in göttlicher Schöpferkraft zusammen.

Im Augenblick breitet sich ein gewisser Eifer aus, eine Polarisierung des Gruppenbewusstseins. Das soll eure Kultur wachrütteln und wird viele Veränderungen mit sich bringen. Diese Veränderungen werden die allgemeine Wahrnehmung der Erde und ihrer Ressourcen verwandeln, darunter auch die »Ressource Mensch«. Sie werden auch dein Leben beeinflussen, denn du bist aufgerufen, deinen Traum aktiv zu verändern.

Deine Beziehungen zu anderen und dein Umgang mit Macht – der Macht des Intellekts, der Macht deines Wissens, deiner machtvollen Fähigkeit, dich in den Traum fallen zu lassen und Vergangenheit und Zukunft zu verändern – werden für die zukünftigen Generationen nachhaltige Systeme in Form nachhaltigen Handels und nachhaltiger Regierungen erschaffen. Diese Veränderungen werden von Unternehmen herbeigeführt

werden. Sie werden die Quelle der Veränderungen sein, aus
denen Nachhaltigkeit erwächst, die das Antlitz des Planeten
und den Gruppentraum verwandeln.

Du brauchst nur einen Blick auf die derzeit heranwachsende
Generation zu werfen. Sie nimmt, als Gruppierung betrachtet,
die Erde als etwas Wertvolles wahr, das geschützt werden
muss, da es zu schwinden droht. Und ihre Zahl wächst, nicht
arithmetisch, sondern geometrisch. Die Mitglieder dieser Generation nehmen zunehmend Machtpositionen ein. Die Unternehmen können sich nicht mehr aus dem Pool talentierter
Arbeitnehmer bedienen, ohne auf diese neue Generation
zurückzugreifen. Entsprechend nehmen immer mehr dieser
Seelen Positionen ein, in denen sie eine Veränderung erwirken
können. In absehbarer Zeit wird sich innerhalb der Unter-
nehmenswelt ein Trend entwickeln, der dahin geht, Müll zu
vermeiden und sparsam mit Ressourcen umzugehen und sie
aufzubauen, anstatt sie aufzubrauchen. Warum? Weil es ihnen
unter dem Strich nützlich ist.

Die meisten Menschen in der Unternehmenskultur haben in
ihren Träumen ihren Vorgesetzten und den Unternehmensricht-
linien dienen müssen, denen es einzig darum ging, so viel Profit wie irgend möglich zu machen. Woher der Profit kam, war
ihnen egal. Sie preschten einfach immer weiter voran. Aber
jetzt gibt es keinen Ort mehr, auf den sie zupreschen können.
So gesehen hat alles auf diesen Augenblick abgezielt. Deshalb
ist es wichtig, dass du den Traum verstehst, den du träumst.
Träume so, dass die vorherrschende Kultur zu einer wird, die
versteht, dass jede Seele Gottes Seele ist. Denn wenn ihr es
träumt, dann wird es auch so sein.

Deine Seele kommuniziert ununterbrochen mit dir,
selbst wenn du dir dieser Kommunikation
nicht bewusst bist.

– Solano –

Die Seele verfügt über ihre ganz eigene Sprache. Die Sprache der Seele zu lernen ist einer der besten Wege, um deinen Traum zu formen. Wenn du alles wie ein Bild betrachten kannst, das dir eine Nachricht übermitteln will, dann hast du einen unmittelbaren Zugang zur Sprache der Seele. Es gibt keine willkürlichen Zufälle, kein einziges wahlloses Wort, keine verschwendete Geste, keine verschwendeten Empfindungen. Selbst der am bedeutungslosesten wirkende Augenblick ist getränkt mit Kommunikation von deiner Seele. Deine Seele ist das *Zentrum* deines Seins – sie ist die Intelligenz, die alles erzeugt, was du als Leben wahrnimmst.

Fang an, von deinem Zentrum aus zu denken, von deinem Zentrum aus zu handeln, von deinem Zentrum aus auf andere zuzugehen. Du wirst feststellen, dass Kommunikation auf vielen verschiedenen Ebenen stattfindet, nicht allein durch Worte. Im Grunde stellen Worte sogar den geringsten Teil von Kommunikation dar. Sie dienen einfach nur dazu, deinen linearen Verstand zu beschäftigen.

Achte beim nächsten Mal, wenn du eine neue Bekanntschaft machst, auf deine eigenen Reaktionen. Vielleicht wirst du etwas anderes empfinden als sonst – vielleicht Unbehagen, vielleicht eine gewisse Anziehungskraft. Du solltest weniger über diese Begegnung nachdenken und dir Geschichten über sie ausdenken, als zuzulassen, dass du die Begegnung von deinem Zentrum aus wahrnimmst. Begreife, dass deine Seele einfach nur versucht, ein Bild zu erschaffen, um dich in einen bestimmten Bewusstseinszustand zu versetzen. Auf diese Weise wirst du die Botschaft, die dir deine Seele in Form der Person vor dir präsentiert, leichter verstehen können.

Durch diese Übung wirst du ein beseelteres Wesen werden. Du wirst dich stärker an der Gegenwart orientieren. Du wirst dir dessen bewusst werden, dass du die ganze Zeit über Informationen erhältst. Von deinem Zentrum aus zu denken ermöglicht es dir, die Metaphern zu erkennen, die dir präsentiert werden.

Es gibt verschiedene Möglichkeiten, in seinem Leben nicht wirklich wach zu sein, sondern zu schlafen. Eine besteht darin, dass der Intellekt so sehr damit beschäftigt ist, alles verstehen zu wollen, dass er die Muster nicht mehr wahrnimmt. Ein anderer besteht darin, dass sich der Verstand derart in der komplexen Freude über seine eigene Schöpferkraft verfängt, dass er nicht mehr wahrnimmt, was im Zentrum erzeugt und erlebt wird.

Idealerweise operieren der lineare Verstand (die linke Gehirnhälfte), der schöpferische Verstand (die rechte Gehirnhälfte) und das Zentrum (die Seele) in Übereinstimmung miteinander und steigern somit exponentiell die Intelligenz. Gemeinsam können dir all diese Anteile Zugang zu deinem intuitiven Selbst gewähren und es dir ermöglichen, mit der Quelle aller Träume zu verschmelzen.

Es gibt nur eine Quelle. Alles Potenzial
entspringt dieser einen Quelle.

– Solano –

Der Traum, den du jetzt träumst und in dem du dich befindest, wird von bestimmten Regeln regiert. Diese Regeln werden Tag für Tag erneut vom Gruppenverstand erschaffen, akzeptiert und bestätigt. Als ihr euch als Individuen identifiziert hattet, habt ihr euch zusammengetan und begonnen, euch wie ein Fischschwarm, der hierhin und dorthin schießt, oder ein Vogelschwarm, der im Sonnenuntergang tanzt, gemeinsam zu bewegen. Wann immer sich einer von euch von der Herde entfernt, beeinflusst diese Handlung die gesamte Herde. Denn der Einzelne befindet sich in energetischer Hinsicht in Wechselwirkung mit der Herde. Wenn du vorhast, einen neuen Traum zu träumen, dann sei wie der eine Vogel, der sich vom Schwarm trennt – höre etwas anderes als den Flügelschlag der übrigen Vögel.

Strebe danach, die Ewigkeit zu verstehen, dann wirst du erkennen, dass du ein Wesen von unendlicher Intelligenz bist. Auf diese Weise verschmilzt du mit dem Traum, in dem du lebst. Und wenn du einmal mit dem Traum verschmolzen bist, entdeckst du, dass er ganz und gar nachgiebig ist. Der Traum ist formbar für jene, die begreifen, dass die unendliche Intelligenz den Traum unterstützt und ermöglicht. Aus diesem Bewusstsein heraus kannst du alles nach Belieben erschaffen: deine Vergangenheit, deine Zukunft und vor allem deine Gegenwart. Die Verschmelzung mit dem Traum ist das Portal, durch das du Zugang zu deiner Vergangenheit und Zukunft hast.

Von diesem Augenblick an unterliegt alles deiner Gestaltungskraft. Als Beispiel: Der Gruppenverstand ist sich darüber einig, dass ein Zimmer mit Stühlen und Körpern gefüllt ist. In Wahrheit ist das Zimmer aber nur ein Raum voller Partikel, die selbst mit leerem Raum 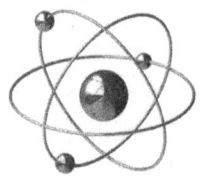 gefüllt sind und sich in einer Schwingung bewegen, die eine einzigartige Welle erzeugt. Jede dieser Wellen erzeugt eine Illusion von etwas Festem, Flüssigem oder Gasförmigem.

Und doch existiert nur eine einzige fundamentale gedankliche Intelligenz: Gott. Aus Gott erwächst all diese Schöpferkraft und Vielfalt. Du träumst diesen Augenblick. Du hast die Gesichter der Menschen um dich herum hervorgebracht, und zwar auf dieselbe Weise, auf die du im Schlaf in deine Traumwelt eintrittst. Im Schlaf erschaffst du ganze Welten, die angefüllt sind mit ihrem ganz eigenen Aussehen, ihren eigenen Texturen, Themen, Farben, Dynamiken, Düften und Regeln.

Dennoch machst du einen Unterschied zwischen deinen Schlaf- und deinen Wachträumen. Du sagst, dass dein Wachzustand Realität ist und nur wenn du schläfst, träumst du. Du sagst, dass du den Unterschied daran erkennen kannst, dass du hier blutest, wenn du dir in den Finger schneidest. Hier kannst du deiner Meinung nach nicht fliegen. Deiner Meinung nach können Menschen hier nicht vor deinen Augen ihre Form verändern. Aber all diese Dinge – und noch viel fantastischere – ereignen sich in deinen Nachtträumen. Den meisten Menschen ist es schon einmal gelungen, ihre Schlafträume willentlich zu verändern. Du hast die Fähigkeit, deine Wachträume ebenso zu verändern wie deine Nachtträume.

Die Fließfähigkeit deiner Nachtträume ist ein wunderbares Übungsfeld. Trainiere, dich an deine Nachtträume zu erinnern, um ein Verständnis für den Traum zu erlangen, der dein Leben ist. Trainiere die Fähigkeit, deine Nachtträume nach Belieben zu verändern. Erinnere dich mehrmals am Tag selbst daran, dass du träumst, dass alles, was du siehst, geträumt ist, und dass es nichts anderes ist als Gott, der mit dir kommuniziert.

Der Wert deines Wissens darum, dass du träumst, und der Wert deiner Fähigkeit, diesen Traum zu verändern, besteht aus Folgendem: Du als Gott, der Gott träumt, entwickelst ein immer größeres Bewusstsein dafür, dass du Gott bist. Und damit beeinflusst du die Evolution allen Bewusstseins.

Wenn du die Fähigkeit erlangst, das, was du denkst, hoffst und erschaffst, aufeinander auszurichten, dann hast du einen vielversprechenden Augenblick in deiner Entwicklung erreicht. Denn diese Ausrichtung wird dir in aller Klarheit zeigen, welche Lebenserfahrung deine Seele für dich auserkoren hat.

Es gibt nur Gott. Gott ist alles, was ist. Gott artikuliert sich in all der Vielheit, aus der sich das Universum zusammensetzt. Dein Leben, dein Sein ist aus Gott abgeleitet. Die meisten Menschen sind noch immer in der Individualität gefangen, aber die Gezeiten wechseln. Du wendest dich um, um einen Blick zurück auf deine Quelle zu werfen und über dein Einssein nachzudenken. Dieser Akt des Sichumwendens ist für manche von euch eine Nährquelle geworden, eine Quelle des Friedens. Und dennoch kehrt ihr zu eurer individuellen Perspektive zurück: eurer Karriere, euren Lieben, eurer Familie, eurem Schöpfertum.

Wenn du deinen Platz als Gott einnimmst, wenn du aktiv und mit absichtsvoller Schöpferkraft an der Evolution der Schöpfung teilnimmst, dann wirst du zu einem Ganzen. Du transzendierst dein Menschsein und wirst göttlich. Du trittst ein in den Bereich des transzendenten Verstandes. Und dort wirst du zu einer dynamischen und zielgerichteten Naturgewalt. Du wirst ein zutiefst beseeltes Geschöpf. Dein Bewusstsein über den Lehrplan deiner Seele ermöglicht es dir, ganz und gar in deiner Macht zu Hause zu sein. Dieses Bewusstsein verändert das Bewusstsein deiner Spezies und deines Planeten.

Du als Gott, der sich selbst träumt und ein größeres
Verständnis dafür entwickelt, dass er Gott ist,
beeinflusst die Evolution allen
Bewusstseins.

– Solano –

Ich habe mehrere Jahre gebraucht, um dieses Buch zu schrei-
ben. Dass sich der Prozess so sehr in die Länge zog, war vor
allem darauf zurückzuführen, dass ich sichergehen wollte, bis
in meine tiefsten Tiefen daran zu glauben, dass alles, was auf
diesen Seiten steht, die Wahrheit ist.

Ich bitte Sie eindringlich, all dieses Material mit ihrem tiefen
inneren Wissen darum, was für Sie die Wahrheit ist, zu ver-
gleichen. Nehmen Sie nur das an, was Sie bewegt, was Ihnen
dabei hilft, eine tiefere Verbindung zu Ihrer Seele einzugehen.
Durch meine Beziehung zu meinem wohlwollenden Lehrer
Solano habe ich vor allem eines gelernt: dass jeder von uns
das Göttliche auf seine ganz eigene Weise erlebt. Bleiben Sie
Ihrem Weg treu. Gleichen Sie alles mit Ihrer eigenen, Ihnen
innewohnenden Weisheit ab. Denn nur so können Sie sich auf
Ihrer Reise voll und ganz mit Ihrer Seele verbinden.

Danksagung

In demütiger Dankbarkeit möchte ich all jenen meine Anerkennung aussprechen, die mich beim Schreiben dieses Buches ermutigt, mich hinterfragt und angeleitet haben.

Darüber hinaus möchte ich mich auch bei all den Menschen bedanken, die mich durch ihre Teilnahme und ihr Engagement im Rahmen meiner Seminare auf der ganzen Welt unterstützt und inspiriert haben.

Im Laufe der Zeit haben viele meine Seminare beworben und als Gastgeber fungiert. Ihre Unterstützung war beim Entstehungsprozess dieses Buches besonders wertvoll – mein Dank gilt Robin und Michael Mastro, Camille und Peter Stranger, Sabrina Fox und Sheila Kenny.

Außerdem möchte ich Jayne und Darrel Kays für die Hingabe danken, mit der sie sich dem vorliegenden Text gewidmet haben. Tinker Lindsay und Valerie Sansabaugh sowie Annalisa Zox-Weaver danke ich für ihre Genauigkeit beim Korrekturlesen des englischen Manuskripts und ihre klugen und verständnisvollen Fragen. Lenedra Carroll gilt mein Dank für ihre Vision dessen, was sein könnte. Thomas Shakey danke ich dafür, dass

D
A
N
K
S
A
G
U
N
G

er niemals daran gezweifelt hat, dass dieses Buch eines Tages fertiggestellt werden würde.

Außerdem danke ich Michael Wiese, dessen Beteiligung dieses Buch auf eine ganz neue Ebene gebracht hat.

Mein ganz spezieller Dank gilt David Rothmiller, der unermüdlich an jedem Aspekt dieses Buches, vom Konzept über den Inhalt bis zu Syntax und Gestaltung, mitgearbeitet hat. Deine Kreativität ist inspirierend, und ich werde dir ewig dankbar sein.

Dank an euch alle aus den tiefsten Tiefen meiner Seele.

Dass Sie, liebe Leserin und lieber Leser, diese deutsche Übersetzung des Buches in Händen halten, wäre ohne die großzügige Hilfe von Sabrina Fox nicht möglich gewesen. Sie hat es in der amerikanischen Originalfassung Michael Nagula vom AMRA Verlag ans Herz gelegt. Danke, Michael, dass du das Buch gelesen und für den deutschsprachigen Raum herausgebracht hast. Danke auch an Sarah Heidelberger für ihre aufmerksame Übersetzung des Materials.

Doch am meisten möchte ich mich bei dir, Sabrina, für deine Liebe und deine Achtsamkeit in allen Bereichen, sogar durch den Prozess der Übersetzung, bedanken. Ich bin dir dafür unendlich dankbar.

Ich danke euch allen aus tiefstem Herzen.

Und natürlich danke ich Solano, ohne dessen Weisheit dieses Buch niemals entstanden wäre.

Sabrina Fox

VON ENGELN BEGLEITET

Wie Sie Ihre Engel erkennen und in die Stille kommen

62 Minuten,
Vortrag mit Meditation
Amra Cinema DVD, € 19,95

ISBN 978-3-939373-68-1

Wir sind nicht menschliche Wesen, die eine spirituelle Erfahrung machen.
Wir sind spirituelle Wesen, die eine menschliche Erfahrung machen.
Und Engel begleiten uns als Helfer.

In der einfühlsamen und humorvollen Art, die sie zu einer Ikone der spirituellen Frauenszene gemacht hat, beschreibt Sabrina Fox das »Engelerleben«: wie es ist, mit Engeln zu leben, mit ihnen zu kommunizieren, wie man ihnen zuhört. Sie hilft Ihnen, mit Hilfe der Engel ihre Ziele leichter zu erreichen.

»Engel sind weise Meister, und mein Schutzengel ist derjenige, der das höchste Potenzial von mir trägt. Er sagt mir: So kannst du sein, wenn du willst! Unsere Engel kommen zu uns in allen Lebenslagen, und wir haben viele Engel. Manche sind für ein Vergessen und ein Vergeben zuständig, andere für Mut, wieder andere für Mitgefühl, Kreativität, Fröhlichkeit ... Sie unterstützen uns!«

Mit den geistigen Schritten des Erwachens, der Übung des Nicht-Denkens und einer geführten Heilmeditation mit bezauberndem Seelengesang.

Sabrina Fox ist spirituelle Beraterin. Ihre Karriere begann sie als Fotoredakteurin und Reporterin. Von 1984 bis 1994 moderierte sie zahlreiche Fernsehsendungen für ARD, ZDF und SAT1. Nach 17 Jahren in den USA lebt sie jetzt wieder in Deutschland. Die Gesamtauflage ihrer Bücher beträgt eine Million.

Textauszüge und Video auf www.AmraVerlag.de

Dr. John Lerma
INS LICHT

*Besuche von Engeln, Visionen vom Leben danach
und andere Erlebnisse vor dem Übergang*

224 Seiten, Hardcover, silbernes Leseband
Amra Verlag, € 19,95

ISBN 978-3-939373-23-0

Die Berichte in diesem Buch stammen von Hospiz-Patienten
während ihrer letzten Stunden, bevor sie ihre größte und
heiligste Reise antraten. Sie geben Kraft und Hoffnung.

Lee Carroll, Tom Kenyon u. a.
NEUE ZEIT

Kryon, Metatron, Hathoren und Maria Magdalena

368 Seiten, Hardcover, silbernes Leseband
Amra Verlag, € 19,95

ISBN 978-3-939373-76-6

Die Neue Zeit beginnt, in der sich fortschrittliche Seelen
versammeln: visionäre Schöpfer, humanistische Aktivisten,
soziale Unternehmer. Sie verkörpern den Neuen Menschen.

Tom Kenyon
AUFBRUCH INS HÖHERE BEWUSSTSEIN

Wie wir die Herausforderungen unserer Zeit meistern

256 Seiten, Hardcover, oranges Leseband (mit CD)
Amra Verlag, € 19,95

ISBN 978-3-939373-31-5

Erhebende Botschaften der Hathoren, die in Ägypten
durch die Göttin Hathor wirkten. In Wort und Klang
erweitern sie unser Bewusstsein. Mit Fotostrecke!

Tom Kenyon
LICHTMEDIZIN
Botschaften der Hathoren für die Neue Zeit

288 Seiten, Hardcover, gelbes Leseband (mit CD)
Amra Verlag, € 19,95

ISBN 978-3-954470-06-8

Einzigartig klare Mitteilungen und Hilfsmittel zur Stärkung
des eigenen Energiefeldes, um sein Bewusstseinspotenzial zu
erweitern. Mit einem Essay über psychospirituelle Entgiftung.

Patricia Cori
BEVOR WIR EUCH VERLASSEN
Botschaften der Wale und Delfine an die Menschen

208 Seiten, Hardcover, oranges Leseband
Amra Verlag, € 16,95

ISBN 978-3-954470-07-5

Gedankliche Hilferufe vor einem Massensterben machten
aus der Autorin ein Sprachrohr der Meeressäuger. Welche
Rolle spielen sie für uns? Was für ein Leben führen sie?

Kerstin Simoné
THOTH: DAS KRISTALL-CHAKRA
Die kosmische Toröffnung der höchsten Energie in dir

256 Seiten, Hardcover, gelbes Leseband
Amra Verlag, € 19,95

ISBN 978-3-954470-08-2

Thoth, der Schriftgelehrte unter den Göttern Ägyptens, stellt
ein neues Kraftzentrum des Menschen vor. Es beschleunigt den
energetischen Wandel und erhöht die Schwingungsfrequenz.

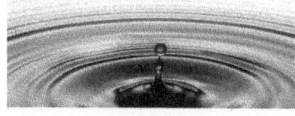